Samuele Tamburini

LORENZO PEROSI
NEGLI ANNI VENEZIANI
(1894-1898)

Prefazione di Arturo Sacchetti

A Marialuisa Balza,
alla verità del suo sguardo,
alla densità della sua arte.

PREFAZIONE

È da salutare con soddisfazione l'apparizione del saggio di Samuele Tamburini "intorno a Lorenzo Perosi" nei suoi anni di magistero a Venezia presso la Cappella marciana. Esso fa luce sul periodo di incubazione creativa del genio tortonese, probabilmente ancora inconsapevole delle sue facoltà, del suo istinto compositivo e del suo spiccato ed originale modo "di essere compositore". In questo approdo, che fu in realtà un atteggiamento disperato di fuga dalla limitata dimensione musicale del Seminario di Imola, ebbe inizio la fruttifera stagione del creare, soprattutto musica sacra. Vari fattori contribuirono a determinare quel clima favorevole, che vide sbocciare messe, oratori e composizioni sacre: la presenza carismatica del Patriarca di Venezia, Giuseppe Sarto, uomo di cultura teologica e musicale, le amicizie dell'ambiente veneziano (Oreste Ravanello, Giovanni Tebaldini, Marco Enrico Bossi, Matteo Tosi), l'aurea e blasonata tradizione musicale della Cappella marciana illuminata dai grandi maestri della storia (Adriano Willaert, Cipriano de Rore, Gioseffo Zarlino, Andrea e Giovanni Gabrieli, Claudio Merulo, Claudio Monteverdi, Francesco Cavalli, Baldassarre Galuppi), l'atmosfera poetico-ambientale della città ed il profumo magico della basilica di S. Marco.

Al presente intriso di disattenzioni, superficialità e qualunquismi di varie estrazioni culturali e musicali ci si può domandare quale sia il significato di un portato di scavo e di indagine nei confronti di Lorenzo Perosi e della sua significante creatività. La risposta è oltremodo semplice: il nostro ha più che mai necessità di essere conosciuto, indagato, studiato, eseguito e compreso. Non sono valsi i fiumi di inchiostro apparsi nel tempo, esecuzioni nell'universo, discografie, conferenze e seminari di studio, pubblicazioni e tavole rotonde per dipanare la coltre della diffidenza instauratesi nei suoi confronti. Si può affermare, senza tema di smentite, che Perosi divide ed unisce, è amato e detestato, apprezzato e criticato, emarginato ed accantonato. Più che mai a

Lui si attaglia una confessione storicamente famosa espressa dall'immortale Gustav Mahler: «Il mio tempo verrà!».

Ma attualmente si perpetua, ormai da decenni, dimentichi dei fasti che l'Europa volle tributare al "Pretino di Tortona", l'ostracismo ed il rifiuto; volgarmente oggi si constata la presenza della "bocca buona" al punto che qualsiasi parto creativo, vecchio e nuovo, merita la santificazione della fruizione sociale, l'ammirazione idiota ed incompetente di "color che non sanno", il blasone immeritato. Ed una creatività di importanza colossale, originalissima, fresca, spontanea, carismatica ed originale soffre dell'immeritato accantonamento, della riprovevole ghettizzazione. Non rientra in questa fervida personale riflessione l'individuazione dei perché e delle motivazioni, ma, agli occhi "del guardare dentro la musica", l'aspetto grida vendetta.

Al giovane Samuele Tamburini la stima e l'ammirazione per avere osato provocare con un'indagine storica oculata, rigorosa, equilibrata e reale un'attenzione per un musicista tradito dal mondo musicale, in particolare quello degli esperti o dei tecnici che dir si voglia, colpevoli impuniti di aver creato innumerevoli distinguo tra il "grano e loglio", classificazione rea di oscurantismo perosiano e di esaltazioni immeritate. Eppoi dalla sua memoria, a cui auguro la provocazione di scintille reattive, si erge con imponenza il portato della Chiesa a fianco del suo vate, sostenitrice del credo spirituale della musica sacra, alleata nella fede taumaturgica del pensiero musicale al servizio della sacra parola, convinta assertrice dell'importanza coinvolgente del "parlar cantando".

In sintesi, ora che Lorenzo Perosi e la sua musica ci mancano, la sua fede religiosa e musicale deve essere presa a modello affinché divenga il nostro viatico per un futuro di luce e di nobiltà spirituale.

Arturo Sacchetti
Santhià, 16 febbraio 2013

INTRODUZIONE

> *«E' davvero un peccato aver rinunziato alla grande tradizione secolare italiana, da Palestrina a Perosi»[1]*
> *(R. Muti)*

Con troppa facilità, con inspiegabile leggerezza si è accantonata, negli ultimi decenni, la musica di Lorenzo Perosi[2]. Eppure la sua vicenda terrena lascia intravedere, oltre al compositore prolifico e ispirato, un uomo di rara profondità, ricco di sfumature e di contrasti: un fuoriclasse, insomma. Marginalizzato dai programmi musicali, tralasciato con *nonchalance* da enciclopedie e storie della musica, fatto oggetto di una sottile, generale dimenticanza, ciclicamente risorge in coloro che si rendono attenti alla densità della sua musica, al commovente tracciato della sua vita.

Tra '800 e '900 la liturgia cattolica era oscurata da forme teatrali che ne snaturavano il senso, da ammiccamenti profani che, con disinvoltura, ne intaccavano la sacralità. Il rito aveva inglobato, in certo modo, la morbida e seducente cantabilità operistica, tanto apprezzabile nel teatro, quanto inadeguata ad esprimere il Mistero. Una commistione di campi, quella tra altare e proscenio, che era in parte riflesso dell'epoca, in parte trascuratezza dei pastori.

Con la sua persona e la sua opera, Lorenzo Perosi ha realmente dischiuso un *nuovo Rinascimento* della musica sacra; ha consentito un'inedita ripartizione tra sacro e profano, una restituzione convincente della musica liturgica *alla* liturgia; una restituzione non traumatica perché mediata dal suo genio

---
1 Muti, 2010: 158.
2 Tortona 20.12.1872 – Roma 12.10.1956.

creativo. A pieno titolo, dunque, egli è stato un riformatore della liturgia.

Non da solo, certamente: la stagione del *Cecilianesimo* ha avuto altri insigni rappresentanti, altri generosi – seppure non privi di limiti, come sempre avviene – combattenti della musica sacra. E tuttavia, più di costoro, Perosi ha "pagato" in prima persona la gravità del momento: la sua precocità musicale, il travolgente e ingestibile successo degli anni giovanili, il febbrile lavoro creativo, unito alle restrizioni di una vita sacerdotale pure abbracciata agli inizi con entusiasmo, hanno favorito, in anni successivi, l'affiorare della malattia psichica e dello smarrimento interiore. L'arte perosiana è drammaticamente intrecciata ad una sensibilità fuori dal comune, ad un'umanità viva e reattiva, e per ciò stesso maggiormente esposta.

La musica del Maestro tortonese, l'incanto della sua melodia, l'uso appropriato e personale dell'armonia – costruita a partire dai classici ma con inattese e stupefacenti incursioni nel moderno – hanno rivoluzionato un modo fino ad allora ritenuto ovvio di fare musica sacra; hanno riportato in auge il gregoriano e Palestrina, hanno ripristinato un metro estetico e qualitativo costruito sugli antichi e, per ciò stesso, non dogmatico ma sinceramente aperto alla creatività del singolo. Musica *casta*, si ama definire la produzione perosiana, e qui la critica non sbaglia: casta non perché eterea, impalpabile o disincarnata; bensì perché essa, nel suo complesso – pur tenuto conto dei suoi picchi di originalità e delle inevitabili, in così vasto repertorio, ripetizioni – è musica trasparente, calda. L'ampia gamma del sentimento umano è, specie nelle pagine oratoriali, da Perosi rappresentata, evocata, cantata. Alfred Bruneau, esigente critico francese, così si esprimeva agli inizi del '900: «Si vede: la religione di don Perosi è una religione di tenerezza, di pietà, di bontà, d'umanità. Nessun artista, degno di questo nome non la pratica fedelmente nella grande chiesa della natura. E' insomma la religione della vita, della vita come il creatore l'ha fatta e, a rifletterci, l'abisso che separa il giovane prete dai compositori filodrammatici non è incolmabile»[3].

---

3 Citato in Merlatti, 2006: 121.

Spesso si ritiene che, musicando il compositore sacro le realtà della fede, la sua produzione mostrerà un carattere settoriale, forse addirittura settario: il contrario di quell'unione tra gli uomini, di quella comunicabilità universale che si è soliti attribuire al linguaggio musicale[4]. Tuttavia la produzione perosiana abbatte in radice un simile pregiudizio: in lui, lo slancio, la vibrazione umana terminano nell'anelito al Trascendente; ed in questa tensione sempre desta, tra le pieghe di quel divino cercato attraverso l'umano, arriva – talvolta e non sempre – Colui che placa l'ardente sete del cuore. *Cerca* Dio, la musica perosiana, e al contempo lo *riceve*, non senza travaglio. In questa ricchezza di temperamento artistico, indagante e ricettivo insieme, potremmo dire ascetico e mistico, ci pare di intravedere la grandezza sconvolgente di Perosi, l'inesauribile suo magistero. Egli, come notava lo stesso Bruneau, «sale sul podio con una vivacità da fanciullo. Non conduce l'orchestra come un maestro, ma come un uomo turbato dall'*azione* iniziata»[5].

Lorenzo Perosi, per predisposizione naturale e per studio assiduo, ha rappresentato questo ideale di musica. Un ideale convincente, persuasivo, che fece «dimenticare agli ascoltatori le stanchezze del linguaggio musicale, già impaludatosi nella ricerca disperata del nuovo. In quegli ultimi anni del secolo, la crisi aveva contagiato un po' tutti: Mahler, Debussy, Bruckner, Puccini, Respighi, Malipiero, Pizzetti, Berg, Schoenbeerg, Hindemith, Sostakovic e altri, vecchi e giovani, coinvolti nel disperato obiettivo di creare il nuovo sotterrando il vecchio. Non Perosi»[6]. Egli ha inteso perfettamente, e fin da giovanissimo, che per resistere all'usura del tempo, la musica deve costruirsi non *al di fuori* del suo passato, ma *al suo interno*. Questo rapporto sereno, non subìto, con i grandi della tradizione lo ha portato, per usare la felice espressione di A. Sacchetti, a «plasmare con personalità

---

4 Già A. Paglialunga nel 1952 rilevava: «Sarebbe stato e sarebbe tuttora un bel pretesto per chi non vuole comprendere la sua musica (o la sua veste) poter dire: "Perosi è un compositore di musica religiosa" volendo, con ciò, classificarlo quasi in una sottospecie dei valori musicali. Ma la musica religiosa vanta nelle sue tradizioni Palestrina, Beethoven, Bach, Wagner, Haendel, Verdi» (p. 8).
5 Ibidem, 2006: 120.
6 Merlatti, 2006: 6.

la forma»[7]. L'ispirazione perosiana informa le strutture armoniche; un *pathos* sincero le irrora, le scuote, talvolta le tende fino all'inverosimile, al punto che – viene da esclamare – se non fosse Perosi, altri si sarebbero già tecnicamente smarriti.

Si diceva poc'anzi di come la musica del sacerdote tortonese, lungi dall'essere relegabile ad un ambito confessionale, sia densa di illuminazioni umano-divine, in certo senso universali; un fatto, questo, che non può essere taciuto, poiché le sue pagine hanno unito nell'ammirazione mondi lontani, hanno commosso sacerdoti e laici, modernisti e papalini, musicisti e non, *élites* e gente del popolo. A. Sacchetti ricorda come subito «Giulio Ricordi lo volle nella sua scuderia, Giacomo Puccini e Pietro Mascagni [...] stravedevano per lui, Gustav Mahler [...] diresse i suoi lavori sinfonici, Arturo Toscanini [...] si innamorò della sua inimmaginabile abilità nel descrivere la storia sacra in musica. Beniamino Gigli [...] diede vita ad una memorabile "Maledizione" nell'oratorio *Il Giudizio Universale*, san Luigi Orione (pur) non capendo nulla di musica, aveva intuito la grandezza del genio, Gabriele D'Annunzio [...] desiderava lavorare insieme a lui, cinque papi [...] lo apprezzarono, Giosuè Carducci [...] pianse lacrime di commozione ascoltando i suoi oratori, Jules Massenet [...] lo proclamò il *Johann Sebastian Bach d'Italia*»[8]. Eppure, questi enormi riconoscimenti (difficilmente si rintraccia una tale convergenza di giudizio in altre biografie musicali) non sono ancora che una pallida evocazione degli entusiasmi che il giovane musicista di Tortona accese nei contemporanei.

Quali risonanze aveva in don Lorenzo questo frastuono di pubblico, di critica (positiva o meno), di riconoscimenti, di ovazioni?[9] Perché è la risposta a questa domanda, in definitiva, a segnare la reale statura di un uomo. Di certo un artista è grande

---

[7] Ibidem: 6.
[8] Ibidem: 7.
[9] Domanda analoga si poneva Merlatti, a proposito dei primi trionfi oratoriali ottenuti dal giovane in tutta Italia: «Come reagiva il Perosi alla fatica, alla gioia, alle intense emozioni che gli regalava un pubblico entusiasta? Distacco, umiltà, senso di apparente lontananza sembravano essere il suo *habitus* normale, eco di una disposizione evangelica alla semplicità che tutto riferisce a Dio» (2006: 65).

per ciò che fa; ma se alla sua opera unisce l'*opus* della sua vita, la mitezza del tratto, un'umiltà non intaccata dalle lodi, egli è davvero degno di memoria. Tale si mantenne Perosi, fino alla morte. Tutte le testimonianze ne ricordano il temperamento amabile, modesto fino a sfiorare i limiti della disistima personale, sempre riconoscente per le parole di affetto provenienti da amici ed ammiratori. Pronto a dire, spesso al di là del vero, quanto fossero degne le musiche di altri, quanto povere le sue.[10] Al tempo stesso consapevole del compito altissimo del musicista (la sua frase: «Oratorio o no, il mio Oratorio è fatto così» lo dimostra[11]), disinteressato ma non insensibile alle critiche malevole, come scriveva ad un amico dopo qualche bocciatura a *La Risurrezione di Lazzaro*: «Passo ore di tristezza nel non vedermi compreso, in quelle poche note che ho scritto con il cuore. Pazienza!»[12]. Lui, che incantava le folle, rimase sempre alieno dal partecipare a quella *classe culturale* che – come scriveva E. Mounier – «spinge l'arte (di corte, di salotto, di cappella) all'esoterismo, allo snobismo o alla singolarità per lusingarla; all'accademismo per rassicurarla, alla frivolezza per stordirla, all'eccitante, al complicato, al brutale per scacciarne la noia»[13].

Alieno, anche, da una concezione svuotata della musica, che – già tra otto e novecento – inneggiava ad uno strutturalismo artistico, all'insegna della pura tecnica; emblematica la sua sentenza a questo proposito: «L'arte per l'arte è una brutta cosa»[14]. Non poche volte è stata rimproverata a Perosi questa sua apparente *estraneità* allo spirito del tempo; una critica che, in un certo periodo, riuscì a far breccia nel musicista tortonese, il quale arrivò a dire: «La mia musica non ha nessun valore perché non sono stato capace di seguire il movimento moderno, sono rimasto indietro e le mie opere non valgono la pena di essere udite»[15]. E tuttavia, la consideriamo profondamente ingiusta, perché don Lorenzo era un «famelico divoratore di partiture moderne»[16].

---

10 Testimonianza di p. Pellegrino Santucci, già docente al PIMS, all'autore.
11 Bassi, 1994: 253.
12 Ibidem: 253.
13 Mounier, 1983: 164.
14 Bassi, 1994: 258.
15 Merlatti, 2006: 6.
16 Così Sacchetti in Merlatti, 2006: 6.

Oltretutto, a distanza di quasi un secolo, vedendo i ripensamenti dei tanti propugnatori di musica a-contenutistica, o di quella musica solo cerebrale che non concede nulla al cuore, verrebbe da esclamare con Baremboin che «coloro che nuotano senza seguire la corrente del loro tempo a volte vedono più cose»[17].

Abbiamo già accennato come, sul finire dell'800, la situazione musicale nella Liturgia fosse drammatica, simile a quella che stiamo attraversando oggi: la diffusa commistione fra sacro e profano era, allora come oggi, un dato assodato. Perosi nacque proprio nel momento più aspro di questa lotta per la buona musica liturgica, una lotta che vedeva schierati da un lato i conservatori dello *status quo* teatrale, dall'altro un manipolo non numeroso, ma intelligente ed appassionato, di cosiddetti *ceciliani*. Costoro, fra i quali Amelli, Tebaldini, De Santi, lo stesso Perosi padre, all'emergere artistico di Lorenzo erano già sulla breccia da alcuni anni, combattenti dal basso di una causa musicale che – comunque la si voglia leggere – sembrava perduta. Tuttavia fu Lorenzo Perosi – e ci permettiamo di dire, lui soltanto – a far spiccare un salto in avanti all'intera questione della musica sacra, prima in Italia e, dopo il *Motu proprio* del 1903, nella Chiesa universale; anzitutto per la limpida analisi che, soltanto ventunenne, egli aveva già prodigiosamente tracciata della realtà musicale nazionale.

Ne fanno fede le sue *Lettere germaniche*, una vera e propria rubrica tenuta dal Perosi come corrispondente da Ratisbona, città in cui all'epoca stava perfezionando gli studi musicali: corrispondenze giornalistiche «polemiche, serene, irruenti», come le ha definite A. Paglialunga[18]. Appena arrivato in Germania, scriveva: «Prima di tutto confesso di essere italiano, italiano che per sgraziata condizione di cose è costretto ad andarsene fuori di patria per conoscere, per studiare quello che dette il nome di classica alla nostra grande arte italiana... Ed è vero; da pochi giorni arrivato ho potuto già bearmi di una audizione di quella bellezza che è l'*Aeterna Christi Munera* del grande Pierluigi e questo io ho udito nella cattedrale, mentre contemporaneamente in altre due chiese in San Venerano e nella

---

17 Baremboin: 2007: 144.
18 Paglialunga, 1952: 26.

chiesa di Corte si eseguiva musica polifonica dello stesso genere!...Ciò sa fare il volere forte di questi paesi, volere che già possedevamo anche noi, volere che niente è contrario al nostro bel cielo! Quel bel cielo che produsse già i primi capolavori del mondo. [...] Ceda la mondana musica il posto alla Divina e non si dica più che gli stranieri abbiano da muoverci quel giusto rimprovero dicendo che gli italiani non conoscono, non stimano le loro glorie»[19].

Qualche settimana dopo, in una nuova lettera, l'analisi diventava ancor più lucida: «Il popolo si è fatto pressoché muto nelle nostre funzioni, il popolo è divenuto estraneo ai santi uffici, non si interessa più dell'azione liturgica. [...] Le orecchie mi risuonano della musica ieri udita in Duomo. E questo si fa come in tante altre Cattedrali della Germania cattolica e perché da noi non si fa altrettanto?»[20]. L'ultima lettera dalla Germania, spedita da Passau, si chiudeva con una nota programmatica sconvolgente, se si pensa che a pronunciarla era un ragazzo di vent'anni: «Vedendo tali cose» – scriveva Perosi – «è impossibile non pensare alla patria che disgraziatamente ne va priva! L'aiuto di Dio però non può mancare e si farà da noi tanto quanto si fa qui... Italia, guarda e ammira!»[21].

Chiamato a dirigere l'insigne Cappella Marciana a Venezia, e profittando di una tribuna di simile prestigio, egli avrebbe rinverdito i fasti dell'oratorio, risollevato la causa del gregoriano e della polifonia sacra in Italia, inaugurata una felicissima stagione dell'arte e della Chiesa.

---

19 Ibidem, 26. Lettera del 19 gennaio 1893.
20 Paglialunga, 1952: 29-30. Lettera del 3 febbraio 1893.
21 Ibidem: 36. Lettera del 22 maggio 1893.

NOTA

Ci sia consentito un fugace accenno metodologico alle pagine che seguono: esse sono ben lungi dal voler presentare una completa e dettagliata ricostruzione cronologica degli "anni veneziani" di Lorenzo Perosi – già abbondantemente trattati in altre biografie; si tengono altresì a distanza da puntigliosi resoconti sulle opere composte dal Nostro nel periodo considerato.

Al contrario, vorrebbero essere un affresco interiore dell'uomo Perosi, in anni cruciali della sua giovinezza, della sua formazione, della musica sacra in Italia.

Molti sono i modi per narrare una vita. Abbiamo scelto di fare parlare soprattutto lui e chi ha avuto il privilegio di avvicinarlo personalmente.

S.T.

I prodromi della nomina

«Sua Eminenza mi scriveva ultimamente di alcune malinconie che Le si aggiravano intorno all'animo» confessava con candore il conte Pietro Saccardo, fabbriciere della Basilica di S. Marco in Venezia, a Lorenzo Perosi (1894). E soggiungeva, sempre alludendo al card. Sarto: «Io non so se più favorevolmente Ella possa essere accolto e festeggiato che qui. Il solo fatto di essere stato proposto da Sua Eminenza basta per cattivarsi tutti gli animi». Era tanto il desiderio del Saccardo di avere alla Marciana il giovane talento che quasi non si faceva ritegno nel magnificare la città: «Quanto a pace e quiete – scriveva – Ella ne troverà qui più che in un monastero. Venezia è la città pacifica per eccellenza ed il suo clero è tutto mitezza, pietà e santità, cominciando dal seminario». Addirittura portava una testimonianza personale: «Io ci ho un figlio chierico di 4° anno di teologia e sono amicissimo del Padre Rettore e dei professori».

In una cosa, senz'altro, il conte non si sbagliava, e cioè quando scriveva al Perosi che «tutti a questo mondo siamo qui per fare la volontà di Dio ed abbiamo bisogno che Iddio benedetto ce la faccia conoscere. Ora Iddio si serve di tanti mezzi, i quali alle volte potranno parer dubbi, e ci vorrà un lume particolare per discernerli. Nel caso suo però è certo che la volontà di Dio non poteva manifestarsi più chiaramente»[22]. Difatti, la proposta di nomina alla Marciana giungeva a dipanare una situazione assai tormentata per il precoce musicista tortonese.

Ormai da anni, molti esercitavano – in vari modi e a diverso titolo – una sorta di pressione sul Perosi. Già dal 1889, il padre De Santi[23] aveva messo gli occhi su di lui, avendo capito di quale

---

[22] Pagano S., Doc. 73, pp. 175-176.
[23] Angelo De Santi (1847-1922), gesuita, fu il grande promotore in Italia della riforma della musica sacra; diventerà nel 1911 il primo Preside del neonato Pontificio Istituto di Musica Sacra (allora Scuola Superiore di canto gregoriano e di musica sacra). Si veda la nota 43 in Pagano 1996: 114-115.

stoffa – e ciò torna ad onore del gesuita – fosse fatto il giovane. Per questo, saputo che Giuseppe Perosi aveva mandato il figlio a studiare musica a Montecassino, gli scriveva piuttosto infastidito: «Ella sa che ch'io non avrei veduto di buon occhio l'andata di Renzo a Montecassino. [...] Ma non si potrebbe trovare una via di mezzo? Renzo non potrebbe venire a Roma? [...] Questa è un'idea, non un consiglio. Ma senza dubbio Roma è un centro musicale ben diverso da Montecassino e da Tortona»[24].

Temendo (per la causa della musica sacra in Italia) l'entrata in monastero di Renzo, che lo avrebbe definitivamente sottratto alla vita attiva, nel 1891 il De Santi riferiva allarmato al padre: «Ho parlato più volte con Renzo e mi ha fatto la più cara impressione per la sua bontà, bravura presente, attitudine pel futuro. Per aver agio di parlargli, lo condussi meco alla gita di S. Domitilla. Devo però dire che egli parve sfuggire studiatamente ogni discorso sul futuro, ed io ho il sentimento ch'egli tenda molto a Montecassino; ne parlava sempre con entusiasmo, lodando tutte le cose de' monaci. Ma può essere ch'io m'inganni [...]»[25]. Per parte loro, i monaci erano molto legati a Renzo, e nell'agosto del 1891 dom Placido Maria Mauro gli indirizzava una lettera premurosa, invitandolo per ben due volte a far ritorno *a casa*, ossia fra le accoglienti mura benedettine[26].

Appena conseguito il diploma in composizione al prestigioso Conservatorio di Milano, nell'estate del 1892, il medesimo De Santi faceva pervenire a Renzo un consiglio che suonava come un avvertimento: «Se veramente vuoi dedicarti allo stato ecclesiastico, mi sembra che non c'è più tempo da perdere. [...] Entra in seminario e pensa subito a seguire la vocazione. Per te nulla di meglio del Seminario Vaticano. [...] Conviene che ti decidi presto perché ti sia riservato il posto»[27]. Qualche giorno dopo, da Montecassino i monaci domandavano nuovamente a Giuseppe Perosi «se possiamo contare sul di lui [di Lorenzo, *N.d.A*] ritorno o se dovremo pensare diversamente. Tanto per

---

24 Pagano S., Doc. 31, pp. 132-133.
25 Ibidem, Doc. 34, p. 136.
26 Cfr. Ibidem., Doc. 41, pp. 141-142.
27 Ibidem, Doc. 46, p. 147.

nostra regola, dovendo provvedere in tempo»[28]. L'8 settembre 1892 era il conte Francesco Lurani a suggerire al padre: «Renzo *deve* andare a Ratisbona (mi perdoni la frase!). Là è il suo ambiente, là potrà acquistare quelle cognizioni che faranno davvero per lui. E quando tornerà in patria non gli mancherà un posto adattato per lui, ne son certo»[29]. Attorno al giovane Perosi, insomma, c'erano le aspettative, i consigli, i suggerimenti di molti.

Renzo optò infine per Ratisbona, e trasse dal suo soggiorno tedesco insegnamenti fruttuosi ed emozioni struggenti, tali da fargli valutare di rimanervi, come insegnante, accondiscendendo all'invito dell'Haberl. Com'è ovvio, venuto a conoscenza della proposta il Padre De Santi reagì vivacemente: «io deploro che avendo noi tanto bisogno in Italia, tu debba andare ad insegnare ai tedeschi; molto più che così ti perdiamo pel canto gregoriano»[30]. Chiedendogli poi di non «disprezzare» il posto che gli era stato offerto, nel frattempo, a Parma.

Soltanto una settimana dopo, il De Santi tornava alla carica prospettando a Perosi un incarico temporaneo a Imola: «Mons. Luigi Tesorieri, Vescovo di Imola, mi scrive che volendo egli riformare la musica sacra nella sua diocesi e mettere lo studio serio del canto gregoriano nel suo seminario, ha bisogno di un maestro, almeno almeno per alcuni mesi [...] Naturalmente tutto è semplice proposta. Convien vedere se il Vescovo accetta e accetti tu»[31] Ma, a ben guardare, la proposta del De Santi non era così "ingenua": «Io penso che il bene che potresti fare in un solo anno sarà incalcolabile, e penso anche che questo era il tuo ideale: avere una scuola da formare come tu vuoi e in senso pienamente liturgico»[32]. Insomma, il gesuita faceva pressione – vogliamo credere in buona fede – per trattenere Lorenzo in Italia; al punto che, in finale di lettera, non poteva trattenere la sua amarezza per la propensione del giovane a stabilirsi in Germania, e usciva allo scoperto: «Vedi di rispondermi. Quell'affare di Ratisbona, che vuoi? Mi affligge. Non abbiamo maestri e dobbiamo perdere

---

28 Ibidem, Doc. 47, p. 148.
29 Ibidem, Doc. 50, p. 153.
30 Ibidem, Doc. 58, p. 159.
31 Ibidem, Doc. 59, p. 160.
32 Ibidem, Doc. 59, p. 160.

quelli che il Signore ci dà. Capisco, ci saranno forse ragioni di interesse. Ma io penso che se l'interesse non si fa oggi, si farà domani»[33]. Renzo decise infine di trasferirsi ad Imola, per un incarico temporaneo, cedendo all'insistenza del De Santi e rinunciando così a Ratisbona.

Altre proposte, tuttavia, si andavano concretizzando attorno al Perosi: il Gallignani[34] lo invitava a Parma, come organista del duomo, con buone prospettive sia per un corso teorico al Conservatorio, sia per la direzione della cappella della Steccata. Naturalmente il De Santi non poteva che gioire di tale prospettiva, che avrebbe definitivamente "fermato" il giovane Renzo in Italia. Ragion per cui, dopo aver protestato di non poter «prendere la responsabilità di un consiglio», egli scriveva con evidente soddisfazione a Giuseppe Perosi: «L'officio di Renzo ad Imola non può essere che precario, e come precario fu consigliato da me e da lui accettato. Parma invece offre vantaggi maggiori, maggior campo di azione, maggiore influenza e nello stesso tempo piena libertà, giacché la fiducia del Gallignani in Renzo è ampia. Al Conservatorio avrà in mano la direzione della cappella della Steccata, e Gallignani intende sia messa sulla pari di quella di Ratisbona, con officiatura liturgica tutto l'anno»[35]. Venti giorni dopo, perveniva così a Lorenzo (pressoché a sua insaputa) la nomina a Maestro di Cappella e organista del Consiglio di Fabbrica della Cattedrale di Parma, a nome di mons. Tonarelli, Vicario Generale Capitolare.

Ad ulteriore testimonianza del fatto che molti desiderassero annoverare il promettente musicista fra le proprie fila, basti leggere ciò che scriveva a Renzo il suo padrino di cresima, mons. Ambrogio Daffra, in occasione della sua vestizione e tonsura nel seminario di Imola (26 aprile 1894): «Che bella grazia ricevi nel vestir l'abito ecclesiastico e nell'intraprendere quella carriera che già da tanto tempo hai sospirato! Non puoi immaginare il contento che io provo nel leggere il tuo foglio che mi annunzia il fausto avvenimento.» E in conclusione, soggiungeva: «Come

---

[33] Ibidem.
[34] Giuseppe Gallignani (Faenza, 9 gennaio 1851 – Milano, 14 dicembre 1923) fu direttore dal 1891 del conservatorio di Parma; in seguito, dal 1897 fino a quasi la sua morte, dirigerà il prestigioso Conservatorio di Milano.
[35] Ibidem, Doc. 64, p. 165.

padre tuo di spirito ti benedico e nuovamente inculcandoti l'unione del tuo animo con Dio per mezzo dell'orazione e della meditazione, il candore dell'anima e il fervido amore, ti abbraccio come mio chierico e ti saluto»[36]. Qualche giorno più tardi, anche mons. Agostino Riboldi, Vescovo di Pavia si felicitava con Renzo della scelta: «Godo e mi congratulo della deliberazione che ha preso; ma insieme Le dico candidamente che avrei doppiamente esultato se avessi avuto la fortuna di poterlo annoverare nel mio clero. Capisco che la questione del bene non è causa di campanile, ma pure anche nel bene si hanno i suoi gusti e le sue preferenze». Ma l'affetto del vescovo andava perfino oltre, fino a dichiarare al giovane: «Se desidera [il vescovo di Imola] qualche informazione da parte mia, me la chiegga. Sarò ben felice di darle questa testimonianza, quantunque vorrei che cotesto mons. Vescovo la scacciasse dal suo seminario, per aprirle ambedue le porte del mio. Son cattivi desiderii, desiderii d'invidia! Mi perdoni, ché anche il Signore non me ne fa colpa»[37].

---

[36] Ibidem, Doc. 67, pp. 167-168.
[37] Pagano S., Doc. 68, pp. 168-169.

Alla direzione della Marciana

Il primo incontro e colloquio fra l'allora vescovo Giuseppe Sarto e il Nostro avvenne a Mantova il 26 maggio 1894: un momento che giustamente è stato definito «l'inizio di una lunga amicizia e di una comunione d'intenti per il "restauro" della musica liturgica»[38].

Qualche giorno più tardi, Perosi presentava le dimissioni da Maestro di cappella del duomo e da insegnante di musica nel seminario di Imola. La nomina ufficiale del Perosi alla direzione della Marciana reca la data dell'8 giugno 1894, al termine dell'anno scolastico a Imola; pertanto, «egli partì insieme ai seminaristi che andavano in vacanza e si recò a Tortona in visita ai suoi: ma vi si trattenne ben poco tempo»[39].

Perché Lorenzo rimase così pochi giorni a casa? Cosa covava nel suo animo in quei mesi? E' il Paglialunga a rivelarcelo: «Aveva in cuore il desiderio di fare un pellegrinaggio musicale a Sekau ed a Solesmes, l'uno e l'altro centri importantissimi per lo studio del gregoriano *iuxta codicum fidem*. Gli sembrava particolarmente opportuno questo viaggio prima di iniziare le sue fatiche alla Basilica di San Marco dove lo attendeva la grande responsabilità di una Cappella che in passato era stata una delle più illustri d'Europa»[40].

Il viaggio si rivelò entusiasmante, e le lettere che il Perosi inviò dalla Francia ne fanno fede, essendo colme di espressioni di entusiasmo. D'altronde, in quei giorni il giovane stava compiendo un vero e proprio «itinerario gregoriano»[41], durante il quale poteva apprendere dai monaci non soltanto un patrimonio cultuale, ma anche tecnico ed artistico. Così, ad esempio, da Sekau scriveva ad un amico della «rara maestria e festosa letizia che sorpresi negli introiti delle Messe, la soave

---

38 Pagano S., 1996: 8.
39 Paglialunga, 1952: 59.
40 Ibidem.
41 Ibidem: 61.

delicatezza spirante un profumo di devozione che fluiva senza nemmeno farsene accorgere dagli *offertori* e *communii*»[42].

Il cardinal Sarto seguiva con particolare affetto il giovane maestro, da lui appena nominato alla Marciana. Così, ad esempio, rispondeva ad una sua cartolina di saluto, proveniente da Solesmes: «Carissimo Lorenzo, ti sono veramente grato della tua memoria e godo nell'animo che sano e salvo tu sia arrivato alla prima tappa del tuo viaggio»; e con lui gioiva dell'atmosfera monastica: «Col semplice annunzio del Vespero che hai sentito cantare da codesti venerandi monaci mi hai fatto crescere il desiderio di sentir lodato in simil guisa il Signore anche in Italia: sarà una cosa lunga ma spero di non morire prima di gustarla». E come sottolinea Graziella Merlatti, mons. Sarto concludeva «con un tocco di tenera umanità» la sua lettera, con le parole: «Procura di divertirti»[43].

Di ritorno dalla Francia, già il 14 agosto 1894 Perosi lasciava Imola per insediarsi a Venezia. Il successivo 29 agosto gli sarebbe stata assegnata la chiesa di S. Maria della Salute, vicina al seminario patriarcale, per il servizio liturgico. Sebbene la lettera di nomina prevedesse l'inizio dell'incarico per il 1° ottobre, i Fabbricieri chiesero a Lorenzo di raggiungere Venezia «già ai primi di settembre, affine di approfittare delle vacanze scolastiche dei fanciulli cantori per la loro istruzione»[44].

Tuttavia, in questo accelerare i tempi verso Venezia si può forse evincere una sorta di fervore e di ansia nell'animo di Lorenzo. D'altronde l'eredità che si apprestava a ricevere non era certo delle più leggere, succedendo ad un grande musicista e direttore come Giovanni Tebaldini: nella definizione del Paglialunga, «un uomo che aveva dato tutto se stesso alla Cappella, ma che malgrado gli sforzi, aveva dovuto soggiacere all'invidia e alla malignità»[45]. Malignità suscitate *ad hoc* dai nemici della riforma della musica sacra, che avevano strappato al Maestro lacrime amare, e che in parte erano state accentuate dal carattere difficile del Tebaldini stesso.

---

42 Lettera del 22 giugno 1894, citata in Paglialunga: 59.
43 Lettera del 11 luglio 1894, citata in Paglialunga: 63-64.
44 Merlatti, 2006: 43.
45 Paglialunga, 1952: 66.

L'arrivo del Perosi alla Marciana si colorava da un lato di entusiasmi e di speranze dei rinnovatori della musica sacra, dall'altro delle fosche tinte dei detrattori del nuovo corso liturgico; le «condizioni d'ambiente nelle quali doveva vivere e muoversi il nuovo maestro della Marciana» erano complesse, e questo basterebbe a giustificare una certa fretta del Perosi a raggiungere Venezia. Ecco una fotografia della situazione: «C'erano persone alle quali andava poco a genio la riforma della musica sacra, alle quali, quindi, come già non era piaciuto il Tebaldini poteva anche non piacere il Perosi, il cui cognome a causa del padre era ben noto ai fautori della riforma ed agli avversari»[46].

Infine, la tradizione che contraddistingueva da secoli la Marciana sarebbe bastata da sola ad intimidire chiunque, anche spalle più adulte di quelle di un ventiduenne: «arrivando nella città della laguna egli si inseriva come ultimo anello di una catena musicale che aveva reso celebre la città: Willaert, Rore, Zarlino, Gabrieli, Monteverdi, Cavalli, Rovetta, Legrenzi, Marcello, Lotti, Galluppi…». E tuttavia, in mezzo a tante difficoltà, giungeva un bagliore di speranza proprio dalla Santa Sede, che pubblicava finalmente un nuovo Regolamento sulla musica sacra; su questa base, il Perosi poteva farsi forte. La sua battaglia assurgeva «un po' come la difesa dell'operato del Tebaldini»[47]. Nei fatti, il regolamento sarebbe rimasto pressoché inapplicato, ma almeno fissava alcuni principi cari ai ceciliani; ad esempio, si vietava severamente «il suonare in Chiesa ogni benché minima parte o reminiscenza di opere teatrali, di pezzi ballabili di ogni genere, come: Polke, Valzer, Mazurke, Minuetti, Rondò, Schottisch, Varsoviennes, Quadriglie, Galopp, Controdanze, Lituane ecc…; di pezzi profani come: Inni Nazionali, Canzoni popolari, esotiche o buffe Romanze. Sono vietati gli strumenti troppo fragorosi come tamburi, grancasse, piatti e simili, nonché gli strumenti propri dei giullari ed il clavicembalo ossia pianoforte»[48]. Lentamente, cioè, si preparava il terreno al *Motu proprio* del 1903 sulla musica sacra, che –

---

46 Ibidem: 67.
47 Ibidem.
48 Ibidem: 69, capo XI.

grazie all'energia riformatrice di Pio X – avrebbe definitivamente estromesso il teatro dal tempio, l'opera dal rito.

I primi passi a Venezia (1894)

Appena giunto a Venezia, Perosi volle lavorare subito a preparare la Marciana per l'ingresso solenne del Patriarca Sarto, previsto – dopo le pastoie della mancata concessione dell'*Exequatur* – per il 25 novembre successivo. In quella data, anche Perosi si sarebbe presentato ai veneziani per la prima volta. Di certo «era necessario imporsi fin dai primi momenti se si voleva far buona figura. I mesi estivi non sono certo i più adatti per far brillare un maestro di cappella: non ci sono feste grandi, non si svolgono celebrazioni particolarmente solenni. […] Come ad Imola, la prima sua cura fu quella di avere a disposizione un bel gruppo di voci bianche»[49].

Perosi si sottopose, quindi, a due mesi di durissimo lavoro in cui dovette selezionare i ragazzi, insegnar loro a cantare senza annoiarli e senza rischiare di perderli. Con risultati eccellenti, visto che «l'Abate Amelli, che seguiva con soddisfazione l'ascesa artistica del giovane maestro, giunto improvvisamente a Venezia il 9 settembre 1894, volle ascoltare un saggio della Cappella e non esitò a tributare al nuovo direttore i più ampi elogi». Il giovane maestro «sapeva trattare i suoi ragazzi, li sapeva innamorare della musica. Del resto la sua vita da Montecassino in poi si era svolta in prevalenza tra i ragazzi. Più di una volta fu visto in Venezia organizzare allegre passeggiate insieme ai suoi ragazzi cantori»[50]. La ragione di questa riuscita anche pedagogica è messa ben in luce dal Pagano: «una così intensa sensibilità, quasi incapace di farsi adulta – o piuttosto consapevolmente radicata ai valori spirituali più profondi che difficilmente fanno l'uomo superficiale o freddo – condusse don Lorenzo ad esser quasi padre e amico dei suoi cantori, che in lui avevano un sicuro appoggio»[51].

---

49 Paglialunga, 1952: 71.
50 Ibidem: 103.
51 Pagano S., 1996: p. XXX.

Pochi giorni prima dell'insediamento di Sarto[52], era lo stesso Perosi a presentare il programma musicale (ricco e dotto) della celebrazione su *La Difesa*; il maestro si proponeva di togliere la «polvere secolare» scesa sui grandi autori del passato, promettendo esecuzioni degne della tradizione veneziana. E concludeva con uno sguardo colmo di entusiasmo per la solenne cerimonia che l'attendeva di lì a qualche giorno e formulando un'inconsapevole profezia: «La Cappella di San Marco farà del suo meglio per festeggiare il desiderato Padre che viene ai suoi figli e, perché è buono fissar gli occhi in alto, la Cappella accoglierà l'amato Pastore come la Sistina accoglie il Papa, (la Sistina almeno dei tempi migliori), e colle voci inneggerà laudi di ringraziamento. [...] E se la Provvidenza disponesse in quel giorno quello che avveniva in tempi passati a Milano, se qualche traviato alla vista delle funzioni così commoventi, nell'udire gli accenti della Madre che a sé i figli Suoi tutti chiama, avesse a battersi il petto *in hymnis et canticis tuis suave sonantis Ecclesiae tuae commotus acriter* oh! la Musica Sacra avrebbe allora adempiuto ad una delle sue più belle missioni»[53].

Si arrivò al 25 novembre: l'esecuzione fu un successo per Perosi, anche se «nella gioia della solennità la musica passò un po' in secondo ordine, non tanto però da non essere notata»[54]. Particolarmente apprezzato fu l'*Ecce Sacerdos* del Maestro, mentre l'ascolto del *Beate Marce* strappò al critico della *Difesa* questo lusinghiero commento: «Con don Lorenzo Maestro e con Ravanello all'organo, che cosa non potrà fare la Cappella?» Il successo ottenuto era tutt'altro che scontato: infatti, «l'articolo di Perosi non aveva fatto altro che acuire la curiosità. Chi aveva in simpatia il giovane Maestro attendeva con impazienza la data del 25 novembre perché fossero note a tutti le sue doti. Con uguale impazienza lo attendevano al varco i suoi avversari pronti alla critica demolitrice»[55]. Invece tutto andò per il meglio.

Terminata la solenne cerimonia in San Marco, il Maestro ebbe l'onore di pranzare con il Cardinale; poi, nel pomeriggio,

---

52 L'articolo è del 19 novembre 1894.
53 Paglialunga, 1952: 77.
54 Ibidem: 78.
55 Paglialunga, Ibidem.

avvenne un incredibile fuori programma, che don Albertario – direttore dell'*Osservatore Cattolico* – descriverà poi commosso: «terminato il pranzo, chiusa la conversazione, il caro Maestro di cappella Lorenzo Perosi ci propose di entrare a quell'ora tarda a porte chiuse in San Marco soli soli. Entrammo e ci aggirammo per le tribune. Una solennità divina. Innanzi al Santissimo Sacramento la lampada sobria spandeva una luce mite che strisciava sulle pareti d'oro agitando le teste, le braccia e le gambe dei Santi in mosaico e i grandi angeli bizantini come fantasmi strani e paurosi [...] Noi demmo mano a girare la ruota dei mantici. Il Maestro Perosi toccò i tasti e noi siamo tornati rapidi come la scintilla elettrica alla poesia di un'età da cui ci divide invano un mare di dolori. Quest'ora notturna passata in San Marco ci sarà in grato ricordo»[56].

Per la solennità dell'Immacolata di quell'anno, come pure per le successive celebrazioni del Natale, Perosi si impegnò a fondo in un programma prezioso, costellato da composizioni ideate *ad hoc* per l'occasione; anche perché «il titolo di Maestro della Marciana, che lo poneva in prima fila tra i maestri italiani aumentò in lui il senso della responsabilità»[57]. Le esecuzioni furono di tale livello che il critico de *La Difesa* – partito, in un suo articolo, coll'intento di fare un bilancio della Marciana in quei mesi – si ritrovò a tessere l'elogio del nuovo corso impresso dal Perosi: «Quando entriamo in San Marco ed udiamo le voci argentine dei fanciulli cantare a vicenda con gli adulti le melodie degli otto toni sentiamo di essere veramente fuori della mondana sensualità e di stare sotto le volte della casa di Dio con quegli angeli e quei santi sfolgoranti di gloria e di luce. [...] A tutti però non sembra così e perché negarlo? Qualcuno vi fa sopra le boccucce, qualche altro dimena la testa»[58]. Tuttavia egli citava a suo sostegno il giudizio di un maestro presente quell'anno alle esecuzioni: «la musica della Vigilia e della festa di Natale fu tale in san Marco che non poteva sconvenire al Papa. Se la cappella di

---

56 Ibidem: 78-79.
57 Ibidem: 79.
58 Ibidem: 80-81.

San Marco continuerà nella via nella quale si è messa diverrà senza dubbio la prima cappella d'Italia»[59].

---

[59] Ibidem: 81-82.

Venezia come Ratisbona (1895-1896)

Il 1895 fu l'anno, a Venezia, del solenne centenario della deposizione del corpo di San Marco (avvenuta nel 1094); per questo tutti gli sforzi di Perosi furono indirizzati a solennizzarne la ricorrenza. Sarto aveva fissato le celebrazioni per il 22, 23 e 24 aprile, e «fu contentissimo del programma musicale che Perosi gli sottopose. Qualcuno invece nutrì dei dubbi sulla possibilità di ottime esecuzioni di un programma che sembrava troppo vasto»[60].

In effetti, scorrendo i brani in scaletta, viene da domandarsi come potesse il Perosi – che *L'Adriatico* additava come «gracile giovincello» - mirare a tale eccellenza; ma d'altronde, l'esempio che egli aveva in mente era quello di Ratisbona, che gli faceva sembrare ovvio ciò che ai disabituati ascoltatori italiani non era. Così, fra i pezzi in esecuzione figuravano la Messa a quattro voci di Gabrieli, la *Laudate Dominum* di Lasso, la *Papae Marcelli* di Palestrina ecc..

Nonostante i dubbi della vigilia, le esecuzioni segnarono un nuovo successo per Perosi, a tal punto che il critico dell'*Adriatico* dovette ammettere entusiasta di aver ascoltato «una musica che (noi poveri veneziani non avendone mai sentita in vita nostra non sapevamo che fosse) solleva e rapisce. Abbiamo gustato momenti di paradiso [...]». Ma il critico fece di più: approfittò cioè della circostanza per rileggere l'immediato passato della Marciana: «Adesso capiscono gli avversari della riforma della musica sacra che cosa essa sia e che cosa cerchi. Lode al Maestro Tebaldini che con la sua fenomenale fermezza riuscì a gettare le fondamenta tra noi e grazie al Reverendo Perosi che in poco tempo riuscì a far ritornare all'antico splendore la Cappella Marciana»[61].

Riconoscente per la bellezza delle esecuzioni udite in San Marco, il cardinal Sarto nominava nel maggio del 1895 Lorenzo Perosi tra i componenti della Commissione Diocesana per la

---

60 Paglialunga, 1952: 83.
61 Ibidem: 84.

musica sacra, «una carica importante che lo innalzò su tutti i maestri di cappella della diocesi»[62].

In quello stesso anno, Perosi fu ordinato sacerdote nella cappella del Patriarcato; come ricorda Paglialunga, amico di tante passeggiate con l'ormai anziano maestro, questo evento lo segnò indelebilmente: «Fu più che una svolta nella vita del maestro. La sua vita era ormai dedicata per sempre ad un'alta e nobile missione. [...] La mamma e le sorelle piangevano di gioia, il padre cercava invano di nascondere la commozione»[63].

Entriamo così nell'attività perosiana del 1896. Il 16 gennaio di quell'anno vi fu la celebrazione funebre per i caduti di Amba Alagi; e il Maestro si trovò, per la prima volta, a comporre e a dirigere musiche in cui il *pathos* dell'evento avrebbe potuto condurre a facili lirismi. Ma egli si tenne nel sentimento più autentico. Così ne dava conto *La Difesa*: «Il tempio magnifico era gremito di popolo. Gravemente sacra la musica sotto la direzione dell'illustre maestro Perosi che ci fece udire le sue nuove splendide composizioni: *Kyrie, Requiem, Sanctus* a voci miste; Graduale, *Dies Irae*, ecc., dalla Messa di Witt»[64]. Per la festa di San Marco, il 25 aprile successivo, eseguì al mattino un *Kyrie* ed un *Gloria* di Lotti, ai vespri un *Magnificat* di Palestrina a quattro voci estratto dai *Magnificat Octo Liber Primus*. Domenica 24 maggio, solennità della Pentecoste, fu la volta della *Missa Capitularis*[65], composta per l'occasione, anche se priva del Credo.

A tal proposito, ci piace sottolineare come la fama del Perosi come compositore di messe nacque proprio a Venezia: «il Maestro aveva l'obbligo contemplato dallo statuto della Marciana di scrivere una messa all'anno da eseguirsi nella solennità di San Marco. A dire la verità, egli scrisse più Messe all'anno e ciò spiega perché nelle varie solennità facesse eseguire ora un nuovo *Kyrie*, ora un *Gloria*. Era una specie di anticipazione che egli faceva della Messa intera che avrebbe fatto ascoltare a suo tempo». Merita uno speciale accenno, perché rivelatore della

---

62 Ibidem: 87.
63 Ibidem, 1952: 87.
64 Ibidem: 88.
65 Essa è maggiormente conosciuta con il nome di *Missa Pontificalis I*; soltanto durante la celebrazione del Natale 1896 il Maestro la fece eseguire completa di tutte le sue parti.

perizia e della velocità compositiva del Perosi, il *come* nascessero queste Messe: non nel silenzio e nella quiete di uno studio, ma nel vortice veneziano degli impegni e degli incontri. Ecco il ricordo *ex auditu* del Paglialunga: «Il Maestro ama ricordare il modo di comporre le sue Messe. Usciva la mattina presto di casa e si recava al porto. Saliva armato di carta e penna nel vaporetto che faceva servizio tra Venezia e Chioggia. I gitanti amavano intrattenersi sul ponte. Il Maestro chiuso nella cabina scriveva e quando tornava a casa aveva terminato un *Kyrie* o iniziato un *Gloria*»[66].

Nacquero sempre negli anni veneziani le *Melodie sacre*, piccoli gioielli di musica per la liturgia, semplici quanto intensi. Seppure alcune di queste composizioni rivelino forse una certa fretta, esse aprono tuttavia un nuovo capitolo dell'arte liturgica. I brani delle melodie sacre sono cantabili e mai sdolcinati e, soprattutto, rappresentano bene la parola che soggiace al tessuto musicale: insomma, in essi «c'è qualche cosa di nuovo e di geniale. Sarà l'esultanza grandiosa del *Domine salvum me fac*, sarà la linea melodica nobile ed un accompagnamento accorto come nell'*Ecce panis Angelorum*, sarà la novità di un *O Salutaris Hostia* a quattro voci scure, mormorato e sommesso… C'è qualche cosa di nuovo»[67]. Scriveva, a tal proposito, Santucci: «i piccoli mottetti del periodo veneziano da soli costituiscono altrettanti piccoli capolavori. Pur nell'evidenza di un accompagnamento fiacco e, sotto l'aspetto armonico quasi inesistente, questi piccoli mottetti sono le gemme più preziose di un periodare tipicamente perosiano, fatto lirico, venoso, fresco, trasparente, che nulla ha a che fare col sentimentale, col romanticismo canzonettistico, col falso "cecilianesimo" di moda al tempo di Perosi. Sono i mottetti della miglior vena perosiana, quelli dell'intuizione e del genio, i mottetti della spontaneità che mi fanno pensare, *mutatis mutandis*, a tutta la produzione liederistica di Schubert, Schumann, Wolf etc»[68]. Non solo: in queste composizioni ci pare di trovare il Perosi più psicologicamente intelligibile: le solca, infatti, un senso di mestizia, che ha almeno una duplice interpretazione. E'

---

[66] Paglialunga, 1952: 90-91.
[67] Ibidem, 1952: 93.
[68] Santucci, 1993: 453.

mestizia orante, che favorisce la preghiera, e allo stesso tempo è mestizia esistenziale, che rivela un vissuto personale troppo precocemente *inquadrato*. Anche il Paglialunga parla, a proposito di queste melodie, di «fine e profonda malinconia – quasi canto di gioia – soffocato in gola dal dolore e dai dolori di questa terra»[69].

Un simile sentimento trovava nella bellezza struggente delle calli veneziane quasi una rappresentazione plastica: al punto che le problematiche psichiche del Perosi incominciarono quando da tale ambiente egli fu sradicato – seppure con una promozione – per la direzione della Sistina. Nelle *Melodie sacre* non c'è semplicemente un musicista espresso nella sua opera; c'è un giovanissimo Perosi immerso a Venezia, affettuosamente seguito da un padre straordinario quale fu per lui il card. Sarto e da un pubblico generoso e vibrante. Impressiona, a tal proposito, rileggere quanto scriveva il Paglialunga nel 1952: «Più di una sera sono stato accanto a Perosi che sedeva al pianoforte. Qualche volta aprivamo i volumi delle melodie sacre: Perosi suonando socchiudeva gli occhi come sempre fa quando si commuove al ricordo del passato. Suonava i suoi mottetti, riviveva quei giorni e quelle ore, e ripensava ai suoi amici…»[70].

---

69 Paglialunga: 93-94.
70 Ibidem: 95.

L'annuncio della fama (1897)

All'inizio del 1897 il corrispondente da Torino della *Difesa*, che aveva ascoltato per la prima volta nel suo duomo la *Missa Patriarcalis*, si domandava senza reticenze: «Quando la ferrea mano di quell'uomo dall'anima eletta di artista che è il Cardinale Sarto troverà imitatori anche da noi, che subiamo il gioco di scuole balorde e caparbie incuranti di riforme e di serietà, che vanno profanando le nostre chiese con Vesperi e Messe da stancare?»[71]. In effetti, il popolo di Venezia – per lo meno quello che frequentava San Marco in occasione delle solenni celebrazioni – aveva realmente l'impressione di assistere ad un crescendo di bellezza nei riti, grazie alla direzione del Perosi. Così, ad esempio, la domenica delle palme di quell'anno (11 aprile 1897) i fedeli potevano assaporare, assieme a brani di Lotti e Croce, nuove composizioni del maestro per la benedizione degli olivi. Queste le impressioni, riportate sulla *Difesa* del 12 aprile: «Ieri […] udimmo musica ispirata a vera devozione quale *In monte oliveti* del Croce, il *Cum appropinquarent* e l'inno *Gloria Laus* del Perosi: poche battute ma che parlano all'animo e lo trasportano nel pacifico trionfo di Cristo in Gerusalemme. Quella musica in cui primeggia il *puerile decus* delle voci dei fanciulli, giungendo da lontano, cioè dall'atrio dinanzi alla porta maggiore, secondo il rito, assumeva un'espressione ancor più mistica. Era veramente un *Hosanna pium*»[72].

---

[71] Paglialunga, 1952: 97.
[72] Ibidem: 99.

Intanto, il Cardinal Sarto confermava l'indizione di un Congresso Eucaristico per l'estate del 1897. Approssimandosi l'evento, Perosi ebbe l'ispirazione di comporre, tra aprile e maggio di quell'anno, una cantata sul testo del vangelo di Marco (in onore del patrono della città), in particolare i versetti riguardanti l'istituzione dell'Eucaristia. Fu questa l'origine di quella che diventerà poi la celeberrima "Cantata alla bachiana" *In coena Domini*. Essa porta la dedica a Ferruccio Menegazzi – morto improvvisamente il 23 maggio –, primo solista dei *Pueri Cantores* della Cappella Marciana e allievo dalle straordinarie qualità canore, cui il Perosi era affezionatissimo. Se «il primo semestre di attività della Marciana nel 1897 si chiudeva con un bilancio più che brillante per il giovane maestro»[73], quella morte fu uno schianto terribile per l'animo del Perosi (a distanza di anni si commuoveva ancora pensando a lui[74]), che ne scrisse personalmente l'elogio funebre sulla *Difesa*:

Il maestro a Venezia con i suoi due primi allievi (a sinistra Menegazzi, a destra Ravetta eletto giorni fa Vescovo di Senigallia)

«Ieri alle due moriva, rapito da morbo crudele, il giovanetto Ferruccio Menegazzi primo dei ragazzi della Cappella di San Marco. Più di qualcheduno si ricorderà di averlo sentito cantare con tanto sentimento il *Tibi soli* del *Miserere* in San Marco […].» E concludeva straziato: «Anima benedetta! Dal cielo prega per i tuoi sventurati genitori e per il desolatissimo tuo maestro che della tua dipartita cotanto soffre»[75].

---

73 Ibidem: 102.
74 Cfr. Ibidem: 103.
75 Ibidem: 104.

La data del congresso venne definitivamente fissata per i giorni dall'8 al 15 agosto; Perosi lavorava alacremente alla messa a punto della Cantata, che richiedeva un buon coro, un baritono e l'orchestra. E tuttavia, come riporta il Paglialunga, «mentre Perosi era intento al suo lavoro si svolgevano curiose polemiche giornalistiche sui significati e gli scopi del Congresso»[76]. In sostanza, la fazione anticlericale della città attribuiva all'adunanza religiosa un significato politico, attaccando sui giornali il cardinal Sarto e di riflesso anche Perosi. Il quale, oltretutto, fu fatto oggetto di una parodia dal dubbio gusto, proprio il 7 agosto. Si utilizzò, a questo fine, la bella usanza della *Serenata Veneziana*, ossia una sorta di passeggiata estiva a più tappe, effettuata con un battello su cui salivano coro e orchestra: l'allegro "convoglio" si fermava ad ogni tappa, intonando il pezzo in programma, per la gioia degli ascoltatori. Ebbene, quell'anno i brani messi in un programma scherzoso furono tutti *sacri*! Così, ad esempio, davanti ai Sabbioni, si sarebbe dovuto cantare il *Laudate Dominum* di Marcello; davanti alla Pescheria, il *Salve Regina* di Acerbi; davanti all'Erberia, lo *Stabat Mater* di Rossini e così via. Naturalmente, «lo scherzo era evidente. Si voleva prendere in giro il Congresso, Perosi e il municipio, apparso "più congressista dei congressisti"».

In realtà, le amarezze di quei giorni stavano per essere ripagate in maniera sovrabbondante per Perosi e il card. Sarto. Il 9 agosto veniva eseguita per la prima volta nella Chiesa dei Santi Giovanni e Paolo la Cantata: «una cosa veramente grandiosa: un coro a quattro voci ed assoli di baritono con accompagnamento di violini, viole, violoncelli, contrabbassi, corni, cornette, trombe e tromboni, con ben 120 esecutori»[77]. Così ne dava conto *La Difesa* il giorno successivo: «appena i congressisti hanno preso i loro posti, la Cappella San Marco, rinforzata da ottimi elementi, sotto la direzione del Maestro Perosi esegue *l'In coena Domini* dell'anzidetto maestro. L'effetto è stupendo e l'applauso che vi fa seguito è una vera ovazione». E proseguiva tratteggiando qua e là i momenti più alti della composizione: «si espandono le soavi note del preludio, le note dei violini che immettono nella

---

[76] Ibidem: 107.
[77] Merlatti, 2006: 59.

divinamente pia e triste scena del Cenacolo e preparano alla melodia del *Lauda Sion* recitata dai corni che si diffonde mestissima per il vasto ambiente [...] Splendida è la fuga finale con corale, un vero capolavoro, un rimpasto sublime del tema del *Lauda Sion* coi motivi più salienti dell'Oratorio». Enfatizzando poi la preparazione musicale del Perosi, il critico scriveva: «Un direttore di conservatorio musicale potrebbe augurarsi di conoscere i segreti della strumentazione come può conoscerli il direttore della Cappella Marciana in questa composizione, la quale è la prima parte di una Trilogia Sacra che il Perosi tra breve farà conoscere».

Nell'articolo si cercava anche di aprire un varco nell'animo del maestro, di intravedere le scaturigini profonde della sua arte: come si scriveva in quei giorni, «questa composizione è impregnata a quell'alto ideale religioso, a quella pietà profonda che attinge colui che compone dopo aver stretto nelle mani il divino essere della sua Musica ed aver gustato il calice dell'amore infinito»[78]. C'era molto di vero in questa intuizione del rapporto inscindibile tra arte e vita in Perosi. Ritentando il medesimo sforzo di introspezione, nel 1931 Giulio Confalonieri avrebbe finemente notato: «In un'epoca in cui noi voltiamo così spesso le spalle al dolore perché non abbiamo il coraggio di affrontarlo, ricordiamo come Perosi, fin dall'inizio, facesse del dolore il segno, la cifra della sua opera artistica. In tutta la sua opera noi sentiamo e veneriamo questo coraggioso riguardare il dolore, questo assumerselo come una necessità della vita umana e come un segno istintivo dell'anima dell'uomo»[79].

Quel 9 agosto dovette imprimersi a fuoco nella memoria di Perosi, se – come racconta Paglialunga – «ancor oggi [nel 1952, *N.d.A.*] parlandone si commuove. Ricorda le lodi del cardinal Sarto, del cardinal Svampa e di altri congressisti… Poi il suo nome stampato a grandi caratteri sui giornali»[80]. Vi furono, tuttavia, anche altre celebrazioni memorabili durante quei giorni di Congresso: ad esempio, durante il solenne pontificale dell'11

---

78 Paglialunga, 1952: 112.
79 Merlatti, 2006: 62-63.
80 Paglialunga, 1952: 111.

agosto, la Marciana eseguì la *Missa Pontificalis* per soli, coro, archi ed organo, che impressionò grandemente i fedeli presenti.

Terminate le fatiche di quei giorni estivi, Perosi andò a Genova; ma non furono giorni di riposo se, ai primi di settembre, erano già nate la seconda e terza parte di quello che sarà poi il primo oratorio-trilogia di Perosi: *La passione di Nostro Signore*. Fra le tante riflessioni che potrebbero essere fatte su questo scintillante ed ispirato ritorno dell'oratorio in Italia, vogliamo riportare quella che – ci pare – più abbia colto nel segno: nella musica di questo primo Perosi oratoriale, «lo studio dei classici è penetrato nella sua anima, lo fa sentire alla stessa maniera dei grandi, gli fa usare i loro mezzi d'espressione. Ci sono due fattori buoni importantissimi da considerare: il gregoriano, la melodia italiana. Il profumo inconfondibile della musica perosiana è tutto qui, in questi due elementi nuovi che danno al suo eclettismo – superatore di tanti gusti e tendenze – l'incanto di una novità»[81].

Tutta la stampa dell'epoca salutò la genialità perosiana: era l'inizio «di quello che venne poi chiamato il *momento perosiano*. Che fu almeno nelle prime manifestazioni, una specie di delirio collettivo per la figura del giovane prete […][82]»; di lì a poco Marco Enrico Bossi, direttore del Liceo musicale B. Marcello di Venezia e amicissimo del Nostro, avrebbe trascritto per organo l'intera *Passione di Cristo secondo S. Marco*: di loro si ricordano, oltre alla verace amicizia, «i duelli organistico-improvvisativi che ebbero luogo nelle ore notturne alla basilica di San Marco, alla presenza discreta e furtiva del Patriarca Giuseppe Sarto, appostato fra gli anfratti delle navate, genuino cultore dell'arte musicale»[83].

---

[81] Ibidem: 116.
[82] Ibidem: 128.
[83] Così A. Sacchetti, *Introduzione* in La Passione secondo S. Marco – Riduzione per organo di M. E. Bossi, Ed. Bongiovanni, 2009.

Il «momento perosiano» (1898)

Il 1898 segnò la composizione di ben tre oratori, accompagnati da un altrettanto prestigiosa ed intensa attività di direzione alla Marciana: un anno dunque operoso, al punto da mettere seriamente alla prova l'equilibrio psico-fisico del Perosi. Seppure in lui l'atto compositivo fosse fluido e quasi istintivo (ma non vanno dimenticate la vastissima conoscenza musicale assimilata in anni di studio e la severa tecnica appresa a Milano e a Ratisbona), il suo tenersi pressoché sempre concentrato in attività impegnative non poteva certo giovare alla sua salute: aveva soltanto ventiquattro anni! Le emozioni travolgenti, i giudizi non sempre benevoli della critica, le richieste incessanti di nuove composizioni da parte degli amici, la rete di conoscenze in perpetuo allargamento: tutto si assommava nella sua vita creando quasi un vortice. Tuttavia, finché egli visse a Venezia, ci fu come un elemento di equilibrio in tale dispendio di energie personali, dato dalla familiarità con Sarto, dall'essere in una città che lo amava, dal godere della libertà che il Patriarca gli lasciava abbondantemente, comprendendone il temperamento magmatico. Il contraccolpo di questi anni veneziani, febbrili ma meravigliosi, l'avremo negli anni romani del Maestro: dove i successi continuarono ancora per qualche anno, ma andò scemando per motivi di impegni istituzionali la quotidiana familiarità con Sarto-Pio X e dove il Perosi si trovò subito a fare i conti con una realtà musicale – quella della Sistina – resistente al cambiamento. Si comprende bene perché la nostalgia di Venezia lo accompagnerà e, forse, lo assillerà tutta la vita, nella consapevolezza dolorosa che quell'unità costruita attorno alla sua persona non si sarebbe mai più ricreata.

Accennavamo alla facilità del comporre in Perosi. All'inizio del 1898 dichiarava: «In me la rapidità del comporre non è effetto di circostanze esteriori pressanti o di inconsulta fretta; è invece una necessità impulsiva del temperamento che ha bisogno di produrre senza interruzione, di getto, sempre in campo nuovo e sotto la spinta di una nuova e fresca ispirazione, mentre si ribella alla penosa briga del rivedere e del limare»[84]. Già il 12 marzo di quell'anno incominciavano le prove orchestrali del nuovo oratorio *La Trasfigurazione*, che fu eseguito a Venezia, presso il Palazzo della Mostra Internazionale. Questo oratorio fu quasi l'opera congiunta di Sarto e di Perosi: «il Cardinale aiutò il Maestro nella scelta delle parole, commentò il brano durante le sedute artistico-spirituali, lo vide nascere nota per nota e ne godette più d'ogni altro per il felice esito. Al momento della pubblicazione da parte dell'editore Ricordi fu inserita una pagina di prosa scritta dal Cardinal Sarto»[85]. Il 21 marzo, *La Difesa* commentava così la prima dell'oratorio: «Un vero trionfo ha riportato ieri l'oratorio del Maestro Perosi in quel magnifico palazzo della Mostra Internazionale che la pittura profana aveva interdetto e che la musica sacra ha ridonato all'ammirazione dei Veneziani. Difatti oltre alle autorità cittadine e governative assistevano Sua Eminenza il Cardinal Sarto, l'alta società veneziana, la stampa ed un pubblico immenso». Il critico dava voce alla più calda ammirazione: «*Tanta vox in corpuscolo tam parvulo*, ha detto Cicerone dell'usignuolo… Tanta musica in un Maestro così giovane ed esile si poteva ripetere ieri, vedendo il Perosi condurre una grande orchestra e molto più udendo quelle meravigliose pagine così ispirate. Come mai un pretino avvezzo alle tranquille note dell'organo ha plasmato con tanta competenza un lavoro così poderoso d'orchestra, un lavoro così drammatico e con tanta fecondità a sì poca distanza dalla *Passione*?»[86]. In breve, l'oratorio venne ri-eseguito il 22 e il 23 marzo nonché il 25 marzo, «quarta e purtroppo ultima esecuzione», si leggeva nel medesimo giornale. «Peccato! – aggiungeva il critico - Vedremo il salone ripieno perché, oltreché Venezia intelligente, è un continuo arrivo di forestieri in buon numero unicamente per sentire quelle pagine grandiose ed ispirate [...]. S'è visto ieri i vaporetti che, con quell'orribile giornata, avrebbero fatto inutilmente il percorso fino ai Giardini

---

[84] Paglialunga, 1952: 139.
[85] Paglialunga: 146.
[86] Ibidem: 147-148.

giungere invece tutti dalle due alle quattro carichi di gente che gremì in breve tempo il grandioso salone della Mostra Internazionale d'Arte»[87]. A furor di popolo, si dovette provvedere pertanto ad una quinta esecuzione, che ebbe luogo domenica 27 marzo.

Come viveva il Perosi quell'improvviso scoppio di entusiasmo e di affetto verso la sua musica e verso la sua persona? Quelle impressioni sarebbero andate smarrite se il Saccardo – che abbiamo incontrato all'inizio di queste pagine – non le avesse fissate "a caldo" in uno scritto, oggi per noi insostituibile per comprendere il giovane maestro "dal di dentro". Scriveva: «L'ultima nota dell'oratorio si è spenta ed il pubblico levatosi come sospinto da una molla acclama con un applauso trionfale il Maestro. Dal suo scanno egli si volta e ringrazia. E' un giovanetto, quasi un fanciullo, non si durerebbe fatica a confonderlo con la turba dei bambini che attendono il segno della sua bacchetta e dalle bocche rosate fanno uscire note celestiali. Nessuna posa in lui. Egli saluta come se il fatto non fosse suo. Non s'accorge che i coristi stringono sotto il braccio le carte, gli artisti abbandonano gli strumenti e gli archi per unirsi alla folla ed acclamarlo. Non si avvede di quel delirio che invade migliaia di anime; non un lampo negli occhi, non un fremito nel suo essere. Resta il piccolo maestro, il semplice giovanetto quasi stupìto che si faccia tanto chiasso: quel chiasso, quel tumulto, quelle acclamazioni che accoglievano senza dubbio in tempi che paiono leggendari le musiche di Benedetto Marcello e di Pierluigi da Palestrina»[88].

Circa dieci giorni dopo, il 31 marzo *La Difesa* già poteva annunciare che il Perosi aveva incominciato a comporre un nuovo oratorio, *La risurrezione di Lazzaro*: modesto come sempre, il maestro si era "rituffato" nel suo consueto lavoro alla Marciana: doveva preparare i suoi cantori per la settimana santa di quell'anno, che avrebbe visto l'esecuzione – oltre a numerose pagine di classici – del suo *Miserere* e dei suoi ventisette *Responsori*. La cui riuscita, sia detto per inciso, fu splendida, a giudicare da quanto scriveva *La Difesa* il 9 aprile: «Peccato

---

[87] Ibidem: 148.
[88] Citato in Paglialunga, 1952: 149.

soltanto che una parte del pubblico anziché penetrare nel pensiero di quella sublime musica mostrasse di percepirne soltanto le estrinseche bellezze volgendo le spalle all'altare. Di così solenne musica si può dire che quella parte di pubblico non ne capiva un'acca»[89]: parole che oggi fanno forse sorridere, ma che danno il metro di quanto il fascino delle esecuzioni potesse coinvolgere i fedeli, forse più del rito stesso.

Arrivò finalmente il 27 luglio, con la prima esecuzione de *La Resurrezione di Lazzaro*, al Teatro *La Fenice*. Venticinque chiamate al Maestro, sette brani replicati: un altro immenso trionfo, suggellato anche dalla critica del giorno dopo: «Perosi ha vinto per la terza volta. Non è trascorso neppure un anno dal nostro entusiastico grido sollevato sotto le severe volte dei Santi Giovanni e Paolo e della Madonna delle Grazie ed egli ormai ha trionfato tre volte. La Chiesa, la Sala, il Teatro l'hanno incoronato». Repliche furono date il 28 luglio, il 30 luglio con treni speciali da Udine, Padova e Treviso; l'opera quasi interamente bissata; addirittura, poiché «gli applausi scoppiavano ad ogni brano talvolta interrompendo inopportunamente [...], caso nuovo, forse ad un certo punto il Maestro fece un energico gesto verso il pubblico imponendo tirannicamente il silenzio»[90]. Martedì 2 agosto vi fu un'altra replica, infine il 4 agosto fu decretata un'ultima replica, con una cronaca senza precedenti: «Sul cartellone c'era scritto che non si sarebbero concessi dei bis, ma non si poterono impedire le frequenti ed interminabili ovazioni. Don Lorenzo Perosi dovette innumerevoli volte levarsi a ringraziare tutte quel gran pubblico plaudente, inconscio sempre il Maestro per quell'innata ingenua modestia della grandiosità della sua conquista, del suo trionfo. Ma la tirannica imposizione bandita nei cartelloni restò lettera morta quando nella *Risurrezione*, dopo la sublime pagina del ringraziamento di Cristo al Padre, la folla ribelle impose il bis...»[91].

La gente rimaneva colpita da ciò che *La Difesa* indicò come essere una caratteristica spiccata di quest'opera: rispetto alla *Trasfigurazione*, «le grandi sonorità sono più rare, ma l'elemento

---

89 Ibidem: 140-141.
90 Ibidem: 156-157.
91 Ibidem: 157.

umano si è sviluppato in maniera finissima, meravigliosa»[92]. Ancora una volta, erano l'umanità e la tenerezza della musica perosiana ad attrarre le folle. Il *Corriere della Sera* era ancora più esplicito: «Gli è che il pubblico e la folla invadente *La Fenice* [...] s'è lasciata travolgere dall'onda melodica che irrompeva dall'orchestra e dal palcoscenico ed ha goduto, e s'è esaltata e commossa com'era commosso e legittimamente esaltato il Maestro. Non ci fosse stata che una platea di critici sarebbe avvenuto lo stesso: il calore comunicativo della musica non avrebbe lasciato tempo ad un esame severo e particolareggiato di codesto oratorio [...]»[93]. Per questo, con qualche cedimento alla retorica del tempo, un ascoltatore poteva indirizzarsi così al Maestro: «Tu, o Perosi, hai richiamato dinanzi al pubblico la divina figura del Cristo, ce lo hai mostrato Dio nel miracolo e uomo nel suo pianto, che hai accompagnato con melodie tenerissime»[94].

Qualche giorno più tardi, precisamente il 16 agosto, Perosi aveva già iniziato a comporre *La Risurrezione di Cristo*, suo quarto oratorio. L'avrebbe completato il 28 settembre, ossia in poco più di un mese! A chi lo sollecitava a darsi all'Opera teatrale – molti vedevano le qualità anche sceniche della sua musica – Perosi opponeva con semplicità il suo diniego: «Un solo pensiero – scriveva chi aveva avuto modo di incontrarlo in quei giorni di trionfo veneziano – signoreggia nella sua mente, riscalda il suo cuore, accende la sua fantasia, gli risuona nell'animo dolcissimo: Gesù Cristo. Sempre con quella sua sorridente modestia dicendoci di quell'altro lavoro cui attende sulla Sepoltura e Risurrezione di Cristo, aggiungeva di intendere elevare a Cristo Redentore, instauratore dell'umanità, un monumento in questo finire di secolo»[95].

Da dove nasceva quel desiderio di musicare un inno al Redentore? Niente meno che da un committente d'eccezione, il papa Leone XIII, il quale in quei giorni aveva fatto pervenire al Maestro la richiesta di musicare il carme cristologico che stava

---

92 Paglialunga, 1952: 159.
93 Ibidem: 160.
94 Ibidem: 159-160.
95 Ibidem: 172.

scrivendo per onorare il passaggio del secolo; così *La difesa* del 28 ottobre commentava l'accaduto, quasi incredula: «più alta sanzione per l'arte sua [il Perosi] non poteva desiderare che quella di essere chiamato a musicare i versi squisitamente ispirati da Leone XIII»[96].

Da qui in poi, è un turbine di eventi: l'8 settembre, il Perosi era a Brescia per l'esecuzione della *Risurrezione di Lazzaro*; il 30 settembre a Bologna, ospite del cardinale arcivescovo: l'esecuzione si tenne il 4 ottobre, alla presenza – fra gli altri – del Carducci. Il 10 ottobre, finalmente, il Maestro tornava a Venezia, dove era ad aspettarlo un gruppo di amici ed ammiratori: ad essi il Perosi faceva sentire in anteprima alcuni passaggi del suo oratorio sulla *Resurrezione di Cristo*, ancora da eseguire pubblicamente. Intanto, gli altri oratori venivano eseguiti a Verona, Firenze, Mantova, Torino – alla presenza della Principessa Letizia –, Bergamo – con il generale Bava Beccaris tra gli ascoltatori –, Trieste, Genova: in molti casi, era lo stesso Perosi a dirigere le esecuzioni, sottoponendosi ad un faticoso, seppur entusiasmante, *tour de force*.

Altre fatiche erano in arrivo: il 2 dicembre iniziavano le prove della *Resurrezione di Cristo*, questa volta a Roma. Tuttavia, una volta arrivato in treno nella capitale, «il Maestro trovò sui muri l'annuncio dell'esecuzione della *Risurrezione di Lazzaro*. Ne fu amareggiato anche perché non ne sapeva nulla ed aveva paura delle esecuzioni affrettate. [...] Il preludio ai giorni trionfali di Roma fu amaro per don Lorenzo proprio a causa di un'affrettata esecuzione della *Resurrezione di Lazzaro*»[97]. Il 6 dicembre si tenne l'esecuzione della *Risurrezione di Lazzaro*, con esito non soddisfacente, perché viziato da cori e orchestra impreparati. Per fortuna il Perosi aveva "sconfessato" in anticipo l'esecuzione: in ogni caso, i dubbi apparsi sulla stampa dell'indomani non erano sulla musica, cui era riconosciuta originalità e calore espressivo, quanto piuttosto sull'esecuzione tecnica. In questo stesso giorno, il Papa riceveva a lungo in udienza privata il Perosi. L'8 dicembre si recò in Vaticano, dove fu ricevuto in udienza dal Card. Rampolla e dove visitò poi i Musei Vaticani.

---

96 Ibidem: 142.
97 Ibidem: 186.

Il 13 dicembre, nella Chiesa dei Santi Apostoli, veniva eseguito in prima assoluta il quarto oratorio perosiano, *La Resurrezione di Cristo*. Affollavano il tempio una ventina di cardinali, il patriziato romano quasi al completo, il corpo diplomatico delle grandi occasioni, senatori e deputati assieme ad una folla enorme (circa cinquemila persone): stava per compiersi un momento storico, giacché proprio quell'opera avrebbe lanciato in Europa il nome di Perosi. Così descrive quel momento epico il Paglialunga: «quando Perosi alle 17 di quel giorno memorando salì il podio di fronte all'orchestra di Ettore Pinelli, si fece un grande silenzio nella Chiesa. Iniziava il trionfo, il grande trionfo romano de *La Risurezione di Cristo* [...]»[98].

Ed ecco il resoconto, che riportiamo per intero della *Difesa*: «Un immenso applauso saluta don Perosi quando compare sullo scanno. Prima di cominciare, però, l'illustre Maestro va a baciare la mano ai cardinali che lo presentano al corpo diplomatico. Alle cinque e un quarto don Perosi dà il segnale di attacco. Si fa silenzio religioso. Cominciano gli applausi al coro delle donne, formidabili al duetto delle due Marie che viene bissato. E così pure viene bissato il finale della prima parte. Nell'intermezzo l'avvocato Pericoli recasi allo scanno del Maestro e presenta a don Perosi un astuccio in pelle marocchino contenente uno splendido dono: è una bacchetta d'ebano con puntali d'oro. Sulla metà si avvolge un nastro d'oro con incisa questa descrizione: "A Lorenzo Perosi – nella prima esecuzione della Risurrezione di Cristo – il Circolo di San Pietro – 13 dicembre 1898". E sotto il monogramma del Maestro in brillanti. Un veramente prezioso lavoro. Don Perosi, commosso, abbraccia e bacia l'Avv. Pericoli. La seconda parte dell'oratorio suscita molti applausi e sono chiesti e concessi i bis dell'Alleluia e del Finale fra l'entusiasmo generale. Don Perosi abbandona lo scanno tra acclamazioni immense»[99].

Il giorno dopo il Papa nominava Giuseppe Perosi Cavaliere di S. Gregorio Magno; a don Lorenzo giunsero telegrammi di felicitazione del card. Sarto, della Cappella Marciana, di Marco Enrico Bossi, dell'Accademia di Santa Cecilia. Il 15 dicembre ci fu

---

98 Ibidem: 190.
99 Ibidem: 190-191.

la replica, di fronte a circa tremila persone, a vescovi, ambasciatori, ministri, senatori e deputati. Diciotto chiamate, con il pubblico che aspettò Perosi fuori dalla Basilica per acclamarlo. Così riporta *La Difesa*: «Si agitano cappelli e fazzoletti, si grida "Viva Perosi!". Lo spettacolo è imponente. Il Maestro riesce a stento a sottrarsi all'ovazione della folla immensa. Tra gli ultimi telegrammi arrivati: Vescovo di Tortona e Sindaco di Venezia»[100].

Il 17 dicembre, vi fu la terza esecuzione con il pieno della basilica e oltre cinquecento sacerdoti arrivati anche dalle diocesi suburbicarie. Il 18 dicembre si tenne la quarta esecuzione, con oltre tremila persone. Infine, il 19 si tenne l'ultima esecuzione dell'oratorio: «folla numerosa, successo splendido», commentò *La Difesa*. Il 20 dicembre il Perosi ripartiva da Roma per Venezia; alla stazione vi fu l'ultima, calorosa dimostrazione di affetto nei confronti del Maestro, che ne fu profondamente toccato. Il Consiglio comunale di Roma chiese ufficialmente al Sindaco – il quale accettò di buon grado – di inviare una lettera di plauso al musicista.

---

100 Ibidem: 192.

Verso la Sistina

Quei giorni segnati dall'esordio romano del Perosi, sarebbero rimasti per sempre nel cuore del Maestro. Come racconta il Paglialunga, «una sera, passando davanti alla Basilica dei Santi Apostoli, il Maestro si fermò e cominciò a narrare tanti episodi di quelle giornate romane. Il suo sguardo si illuminò. Egli riviveva quelle ore indimenticabili. Disse degli amici che erano andati a riceverlo alla stazione, delle accoglienze del pubblico, parlò dei giornali che gli erano stati quasi tutti favorevoli... perché qualcuno non volle dimenticare che Perosi era prete e pertanto degno di essere attaccato. Ricordò l'articolo di Agostino Vian, suo grande amico ed intimo del Cardinal Sarto, che portò a Venezia l'eco dei trionfi romani»[101].

A proposito di quell'articolo, pubblicato il 18 dicembre su *La nuova scintilla*, ci potremmo chiedere cosa di esso avesse colpito così tanto il Perosi; forse, calandoci un poco nella sensibilità del Maestro, potremmo azzardare che si sentisse particolarmente rappresentato (e onorato) da queste parole: «Un'altra volta l'arte cristiana ha glorificato Gesù Cristo davanti agli uomini. Il genio classicamente descritto del Perosi nella musica può in certa guisa corrispondere a quello di Dante nella Commedia. Se qui l'inferno è la scultura, il purgatorio la pittura, il paradiso la musica, il genio di Perosi ci rende tutta la vita umana e soprannaturale con una realtà e vivezza di immagini che dà un effetto immediato al cuore e nel pensiero degli uditori. L'arte ispirata alla fede è la più efficace perché è la più profondamente sentita dall'artista. Si verifica il detto di Orazio: se vuoi che io pianga leggendo la tua opera, piangi prima tu scrivendola»[102]. Ed ancora: «Quando la fede può toccare il sentimento vince, e se il pensiero può discutere ed ostinarsi, il cuore nel commovimento piange e crede. Alla musica sacra forse Iddio ha riservato il compito di condurre

---

101 Paglialunga: 194.
102 Ibidem: 195-196.

i traviati al seno della Chiesa»[103]. Doveva essere anche il sentire del Perosi: già nel dicembre 1897, ripartendo dal Congresso di Musica Sacra di Milano, all'invito di un giovane cattolico che lo incitava: "Maestro, voi dovete musicare tutta la vita di Cristo!", il Maestro aveva risposto: "Vivo per questo"[104].

Tuttavia, accanto a questo articolo (e ad una serie sterminata di articoli di plauso), ne era uscito in quei giorni uno molto aggressivo sul *Don Chisciotte* di Roma; dalla chiusa del quale, che qui riportiamo, è facile indovinarne il pregiudizio: «La vigoria per giungere alla rappresentazione del divino manca al Maestro Perosi. Può darsi così appaia soltanto per il concetto che intende seguire; ma è certo che tutta la parte narrativa, il canto dello storico, il suono dei violini inframmezzati di trombe, appaia molto fiacca [...]. Ma che il Maestro Perosi non se ne accorga nessuna meraviglia in fondo: il Maestro Perosi è anche sacerdote, e da parecchi secoli i preti cattolici hanno mostrato di non sapere più artisticamente esprimere e diffondere il sentimento religioso»[105]. Se l'estensore del commento poteva avere ragione sul piano generale della condotta di certo clero dell'epoca, nel caso specifico prendeva a bersaglio un sacerdote che – al contrario – era sinceramente votato a Dio e all'arte. O forse, più maliziosamente, l'attacco era sferrato proprio perché si fiutava il pericolo di una distruzione alla radice del vecchio *cliché* anticlericale. Si tenga presente che, oltretutto, il 15 dicembre Leone XIII aveva nominato Perosi a Direttore perpetuo della Sistina.

In questa luce, occorre leggere l'articolo del 22 dicembre 1898 pubblicato sull'*Osservatore Romano*, che entrava a gamba tesa nel dibattito, difendendo il giovane Perosi: «Come si può sopportare che il Papa chiami a sé un prete, che ricoveri la musica sacra in Vaticano come già nei tempi della passata barbarie raccolse l'arte cristiana? Del resto, siamo giusti – direbbe la buon'anima di Bettino Ricasoli- il diavolo ha mille ragioni per battere e dimenare la coda [...] Ma mi burlate? Osservate il salto enorme che d'improvviso ha fatto l'arte musicale, dopo tanti

---

103 Ibidem: 196.
104 Cfr. Ibidem: 122.
105 Ibidem: 198.

sforzi sostenuti per gettarla nel più basso e nel pantano. Dall'operetta è passata d'un balzo all'oratorio: d'un colpo è stato scacciato Belzebù da quest'arte sublime e ci è stato messo Gesù Cristo. [...] E tutto questo avviene ad opera di un prete. Oh! Questa è grossa davvero, anche più grossa della nomina di Don Perosi a Direttore della Sistina»[106].

Il tono era aggressivo e moraleggiante, ma la battaglia in corso a Roma non risparmiava colpi, sia sul fronte liberale sia su quello cattolico: «Io avevo una grandissima stima per questo giovane sacerdote – proseguiva l'articolista – ed ero grandemente ammirato per l'alta impresa alla quale si è accinto. Ma debbo confessare che a mille doppi ho compreso l'immensa portata del suo ingegno e dell'opera sua dopo che ho visto con quali e quanti sforzi la Massoneria e il Liberalismo hanno tentato di offuscarla, di attenuarla, di impedirla. [...]»[107]. Come rileva il Paglialunga, «il nome di Perosi è il pretesto per spaziare in più vasti campi. Polemica, figlia dell'epoca»[108]; peraltro l'acre campagna giornalistica infastidiva Perosi, che giunse a rimpiangere «la pace e la solitudine di Venezia»[109].

Torniamo, per un attimo, alla nomina del giovane maestro alla Sistina (seppur a fianco del Maestro Domenico Mustafà), il 15 dicembre 1898; dal Paglialunga apprendiamo che «Perosi stesso fu impressionato dalla nomina. Sentiva insieme la soddisfazione di un posto tanto onorifico e la tristezza di dover lasciare la Cappella Marciana e il Cardinal Sarto». Leone XIII ricevette una seconda volta (in un mese!) il Perosi, e venuto a conoscenza dei sentimenti del giovane, con delicatezza estrema gli concesse la licenza di poter risiedere ancora a Venezia, fatto salva la sua presenza alla Sistina per le funzioni papali. Fu nel corso di questa udienza che il Papa indicò in Sarto il suo successore: mostrando il Perosi «grande rincrescimento di dover lasciare il Cardinal Sarto, il Papa rispose: "Lo servirete come mio successore". L'episodio, da molti ritenuto falso, è invece verissimo – conferma Paglialunga – e ne ho avuto conferma dalla bocca

---

106 Ibidem: 201-202.
107 Ibidem: 202-203.
108 Ibidem: 204.
109 Ibidem: 198.

dello stesso maestro»[110]. Il giorno dopo, 19 dicembre, il Perosi incontrava immediatamente i cantori della Sistina, i quali gli espressero la loro gioia di averlo come guida. Il 21 dicembre, egli prendeva la via del ritorno per Venezia, dove lo attendeva la direzione delle solennità natalizie.

Intanto, però, il Cardinal Sarto stava organizzando una festa a sorpresa per il suo Renzo; l'eco dei trionfi romani era giunto velocemente a Venezia, e tutti avevano in animo di felicitare il Maestro. Così *La Difesa* dava conto del momento di famiglia vissuto in Patriarcato il 23 dicembre: «Ieri alle tre, in una delle sale superiori del Patriarcato convenivano, insieme ad una larga rappresentanza del Ven. Capitolo di San Marco, i professori ed i fanciulli della cappella musicale di san Marco allo scopo di dare il benvenuto al maestro Perosi e felicitarlo dei suoi trionfi di Roma. Alla cara festa erano ammessi parecchi amici dell'illustre maestro. Il Maestro Perosi nulla sapeva e quando Sua Eminenza avendolo invitato a salire lo introdusse nella sala accolto da un vigoroso applauso, il Maestro si trovò d'un tratto in mezzo a tante facce sorridenti, a tante persone che lo amano ed ammirano e la più viva commozione gli si dipinse sul volto»[111]. Il prof. Colonna, a nome di tutti, indirizzò un saluto gioioso e vibrante al Maestro; e si noti la finezza dei sentimenti espressi dal professore: «Ci tardava assai poterle ripetere questi sensi a viva voce, raccolti qui nelle aule sempre ospitali di chi, abbracciando per tutti nel comune effusissimo affetto di Padre, ha a buon diritto per Lei le predilezioni dell'antico Giacobbe verso il minore dei figli». E con sano orgoglio proseguiva: «Se altri poté staccarlo dal suo e nostro amatissimo Cardinale, quest'uno non fu che il Papa; se un'altra città potrà vantarsi di Lei, questa città non è che Roma, se la Cappella di San Marco deve cedere i suoi diritti non li cede che alla Cappella Sistina, la prima cappella del mondo»[112]. Il Perosi era talmente commosso da chiedere al Patriarca di concludere al suo posto; e Sarto lo fece, come riportò *La Difesa*, «con uno di quei paterni discorsetti di cui Egli solo ha il segreto, ringraziando tutti della cordialissima festa e

---

110 Ibidem: 208.
111 Ibidem: 215.
112 Paglialunga, 1952: 216.

promettendo in nome di don Perosi che il suo soggiorno a Venezia sarà il più lungo possibile [...]»[113]. Di fatto, il rapporto con la Marciana si concluderà il 22 dicembre 1898: dopo un periodo di supplenza di Giulio Bas, gli succederà il Maestro Delfino Thermignon.

---

[113] Ibidem: 217.

Le amicizie veneziane

Senza dubbio, l'idea avuta dal Patriarca di organizzare una "festa a sorpresa" per Lorenzo mette in luce quanto affetto egli provasse per il giovane maestro. Un rapporto, quello fra Sarto e Perosi dai tratti commoventi e speciali, quali poche volte se ne trovano nella storia della Chiesa. Nella presenza umile e riconoscente di Lorenzo, potremmo dire che il Sarto vedesse pienamente compiuto un desiderio naturale di paternità; ed anche Lorenzo, abituato ad un padre burbero e – per certi versi – irraggiungibile, incontrava nel Patriarca una figura sostitutiva autorevole ed amorevole. Come ricorda S. Pagano, se i due si erano incontrati «per la prima volta al Convegno Cattolico di Lodi nell'ottobre del 1890, in maniera molto formale, essi fecero effettiva conoscenza a Mantova il 26 maggio 1894, quando il giovane Lorenzo si recava dal Patriarca di Venezia (che ancora non aveva conseguito il regio *Exequatur* per il possesso della sua sede), ormai intenzionato ad accettare l'invito della Cappella Marciana. Il cardinale scriveva un ammirato resoconto dell'incontro al padre del giovane musico, due giorni dopo: «Si persuada pure – diceva tra l'altro il Sarto – che Lorenzino non poco corrisponderà alla aspettazione dei Veneziani, ma in breve sarà amato da tutti con affetto [...] Se poi il Signore mi vorrà, quando che sia, a Venezia, io gli sarò più che padre amico affettuoso. Intanto faccio con Lei le mie più vive congratulazioni per questo Suo buon figliuolo che onora davvero la sua famiglia per la distinta capacità di cui è fornito, ma molto più per le belle virtù che rendono mirabile il suo ingegno»[114].

E' interessante notare come nella chiusa di questa lettera così lusinghiera, il Sarto ci tenesse a sottolineare che del Perosi aveva anzitutto apprezzato le qualità caratteriali, degna cornice di quelle musicali; e, difatti, da esperto conoscitore di persone e di cose qual era, «il patriarca non s'ingannava; l'arte musicale del Tortonese era circondata da innegabili doti umane che lo rendevano amabile: modestia, sincerità, fedeltà, carità e rispetto.

---

114 Pagano S, 1996: XXXI.

Questi furono i titoli che valsero a Lorenzo, in fin dei conti, la stima e l'immediata protezione del cardinale, che gli conferirà personalmente l'ordine presbiterale nella cappella del palazzo patriarcale di Venezia il 21 settembre 1895, e si dimostrerà veramente paterno verso il "suo" don Lorenzo, tanto nel periodo veneziano, quanto in quello romano dell'artista»[115].

Di certo, fra Sarto e Perosi vi era una consonanza di ideali e di desideri che passava attraverso una comune idea di arte, un comune amore per Cristo e la sua Chiesa: molto ancora occorrerebbe scandagliare quelle «relazioni mistico-artistiche delle due anime», come il Paglialunga felicemente le chiama[116]. Sarto era arrivato a Venezia poverissimo: «non con la "veste sbrisa", come nella parrocchia di Salzano. Indossava la maestosa cappa magna cardinalizia. Ma di seconda mano; era quella del suo predecessore Agostini. Le ventimila lire che l'amministrazione vaticana gli aveva versato quando divenne cardinale, se n'erano andate in gran parte per i poveri. E del resto lui in patriarcato aveva bisogno di poco: le due sorelle Maria e Anna a tenergli la casa, il fedele don Bressan a fargli da segretario, un cameriere-portinaio abbastanza assenteista. Sicché spesso era il Patriarca in persona che apriva ai visitatori»[117]. In questa povertà sostanziale del Patriarca – egli fece debiti per i poveri anche a Venezia, finendo di pagarli una volta divenuto papa[118] –, Lorenzo Perosi, evangelico in tutto, non poteva che trovarsi a suo agio: un comune *humus* li univa, pur nella distanza anagrafica di decenni.

Era esigente, il cardinal Sarto, nel guidare la diocesi di Venezia? Certamente. Quando vedeva la necessità di intervenire, di cambiare, di riformare, era il primo sulla breccia – anche facendo soffrire qualcuno. Si poteva applicare a lui ciò che fu detto di altri: "Vista la sua forza nel lavoro, il suo senso dell'organizzazione e la sua attitudine al comando, l'uomo avrebbe potuto diventare prefetto, generale o ministro, ma ha scelto di essere prete".[119] Anche questa costanza nel lavoro

---

115 Ibidem.
116 Paglialunga, 1952: 215.
117 Agasso, 1985: 58.
118 Cfr. Ibidem : 60.
119 Così E. Fouilloux, a proposito del Card. Eugène Tisserant, *Eugène, cardinal Tisserant (1884-1972). Une biographie*, Paris 2011.

quotidiano era condivisa, seppur in altre forme, dal Perosi, il quale era instancabile nel comporre e dirigere musica: *Nulla dies sine linea*, gli avevano raccomandato a Ratisbona, «non passi giorno senza comporre», e a questo proposito il giovane cercava di rimanere fedele.

Ma fra i due vi era anche un comune sentire artistico: del Perosi si è parlato diffusamente, mentre del Sarto in genere si conosce meno. Egli era stato da bambino il primo solista del coro di Riese e, nel prestigioso seminario di Padova, direttore del coro dei seminaristi; suonava un poco l'organo e ancora giovane allievo aveva composto alcuni canti per la liturgia. Amava immensamente la musica e, come ricorda un suo biografo, «aveva una bella voce, come scoprirono i fedeli nel giorno della sua incoronazione. L'antico numero uno del coro parrocchiale di Riese cantò quel giorno il Prefazio con una partecipazione commossa che coinvolse tutti. E sempre sarebbe stato così. Leone XIII, dicono i testimoni, celebrava con straordinaria maestà, come portando tutti i fedeli in presenza del divino. Il suo successore celebrava con passione, quasi raccogliendo nella sua voce quelle di tutti; e soprattutto nel cantare il grande inno di lode e di ringraziamento al Padre santo, onnipotente ed eterno, aveva attimi di commozione quasi drammatica. Si può capire allora tutta la sua avversione al "Mira Norma" e al "Tu che a Dio spiegasti l'ale", durante la Messa. E la sua rapidità, quasi la fretta, nell'avviare la grande pulizia»[120].

Torniamo però alla quotidiana amicizia fra i due, maturata nel periodo veneziano: a Venezia, scrive l'Anichini, «Lorenzo Perosi giunse vestito degli abiti chiericali e la sua dimora fu il palazzo patriarcale, ammesso a far parte della Famiglia Sarto [...] una famiglia più unica che rara per semplicità e modestia»[121]; egli «per tutti gli anni della sua permanenza in Venezia aveva strada libera negli appartamenti del Patriarca. Quando le sorelle preparavano la tavola per il Cardinale, mettevano sempre un coperto per don Lorenzo»[122]. Il Patriarca si prendeva anche cura della salute di Renzo; emblematico è ciò che

---

120 Agasso,1985: 113.
121 Glinski 1953: 16.
122 Paglialunga, 1952: 218.

scrive a don Carlo Perosi il 20 marzo del 1898, dopo l'esecuzione della Trasfigurazione: «Ritorno adesso dalla sala dove fu eseguito il nuovo oratorio di don Renzo. La sala, capacissima, al completo e di persone ragguardevoli intelligentissime: l'esito splendidissimo e oltre l'aspettativa, che era pur grande. Don Renzo stanchetto, ma sta bene, anche perché libero ormai da quella preoccupazione [non ci è dato di sapere quale fosse, *N.d.A*] che lo angustiava nei dì passati»[123].

Un'altra volta, Sarto si sentì in dovere di «chiamare a sé il Perosi e, preso il suo capo tra le mani gli disse: "Caro don Lorenzo, bisogna che tu metta un po' d'ordine qui dentro". In altre occasioni il Patriarca lo esortava a distrarsi e a fare qualche gita, anche in America»[124]. Ma l'affetto tra Sarto e Perosi è testimoniata da una simpatica lettera che il primo scrisse ad un suo sacerdote, don Giovanni Jeremich (poi ausiliare di Venezia): «Don Perosi, come al solito, astratto, ieri, mentre metteva in bocca il primo cucchiaio di minestra si ricordò di un invito che aveva ricevuto due ore prima di trovarsi all'Hotel Britannia per le 12,30. Voleva scrivere una righetta di scusa, ma poi pensò di andare in persona e trovò i commensali che bevevano il caffè ed egli con una fame da non vederci lo sorbì con loro e si mise a fare conversazione. Ma finalmente, il padrone del Britannia vedendolo molto pallido, gli domandò se avesse fatto colazione ed egli soggiunse di no e tranquillamente, tra le acclamazioni di Bossi e di altri professori esteri si mise a mangiare... Puoi immaginarti le risa che abbiamo fatto quando la sera ci raccontò quella scena»[125].

«Quale influsso ebbe sull'animo di don Lorenzo – si chiedeva già nel 1952 il Paglialunga - la quotidiana presenza del Cardinal Sarto?» E, attingendo alla sua personale amicizia con il Maestro, scriveva: «Il Perosi anche nei colloqui è estremamente riservato. Ma a chi consideri l'alta figura morale del Cardinale, il suo zelo per la musica sacra, il suo zelo per la difesa dei diritti della

---

123 Glinski 1953: 18-19.
124 Merlatti, 2006: 177, che riporta l'articolo de *La tribuna*, 23 dicembre 1922. Ma l'episodio è probabilmente del 1902, data in cui Perosi aveva già incominciato a sentirsi stretto nelle maglie di una vita sacerdotale che, forse, aveva abbracciato più per entusiasmo che per matura riflessione.
125 Paglialunga: 1952: 218.-219.

Chiesa, non potrà sfuggire l'importanza di quegli incontri quotidiani. Agostino Vian – che già abbiamo nominato – ricorda sempre la immensa soddisfazione del Cardinal Sarto per i successi della musica di Perosi. Più di una volta fu sorpreso nella sua stanza a canticchiare la preghiera del Cristo nella *Risurrezione di Lazzaro*»[126]. In estrema sintesi, potremmo dire che il Patriarca fu per Perosi un padre, un mecenate, un amico; sia nei trionfi, come nelle difficoltà il giovane maestro poté contar sul suo consiglio di sacerdote, sulla sua esperienza di uomo. Per questo *La voce della verità* poteva scrivere in quegli anni che «nelle prime prove del dotto compositore non tutto né tutti gli si volsero propizi e, come succede alle anime giovani, il Perosi dovette lottare contro quel gran nemico delle opere vigorose, l'avvilimento; ma Iddio che lo amava e lo ama perché tutto ha destinato alla sua gloria volle che trovasse sui suoi passi questo principe della Chiesa che intuendo le future grandezze dell'artista sublime d'un tratto lo faceva Maestro di una delle più illustri cappelle musicali: quella del suo San Marco. Avutolo a sé vicino il cardinale non lo lasciò ma, accumulando i benefizi seco lo volle al patriarcato, alla sua medesima mensa e come figlio diletto lo trattò sempre. All'ombra del Cardinale che lo amava, sollevato da ogni timore e sorretto dall'incoraggiamento e dai saggi consigli, tranquillo e sicuro lavorò con ardore rinnovato e salì ai meritati trionfi»[127].

L'amicizia tra i due certamente non diminuì quando Sarto venne eletto Papa: «Pio X e Perosi erano, a detta di tutti, un binomio inscindibile. La confidenza degli anni veneziani non si era in nulla alterata con l'elezione al soglio di Pietro del cardinale Sarto, e il Maestro della Sistina, pur rispettoso del protocollo che si imponeva, continuava con il papa la sua antica e consolidata familiarità. [...] Fu il Bellaigue che confidò al Perosi (ed ora a noi) che papa Sarto lo chiamava confidenzialmente "bambino", "fanciullo" e "altri nomi di cotal genere"[128]». Un onore che il futuro san Pio X, uno dei più grandi pontefici riformatori che la Chiesa ricordi, riservò in tutta la sua vita soltanto a Renzo.

---

[126] Ibidem: 218.
[127] Ibidem: 145.
[128] Pagano, 1996: XXXII.

Altre amicizie di Perosi, strette *a* Venezia o *grazie* al suo lavoro a Venezia, meritano almeno un accenno. I nomi sono tanti, e quasi tutti indicati nelle dediche delle *Melodie sacre*: anzitutto Ferruccio Menegazzi, di cui abbiamo già parlato. Ma un posto speciale lo ebbe sempre Oreste Ravanello, organista a S. Marco: «un'amicizia più che fraterna regnò sempre tra i due musicisti. Più di una volta l'organista cedeva il posto al Maestro perché questi aveva scritto mottettini che i cantori leggevano a prima vista ma sui quali mottetti doveva ancora scrivere l'accompagnamento[129]. Ravanello allora prendeva il posto di Perosi alla direzione. In un'altra occasione, ossia per la messa corale da Requiem del 1895, dedicata alla Signora Carlotta Patrizio de Lorenzi, i due scrissero assieme i brani del rito funebre – uno ciascuno.

Si pensi, inoltre, all'amicizia con il bresciano Marco Enrico Bossi, Direttore del Liceo Musicale *B. Marcello* di Venezia proprio negli anni in cui il Perosi dirigeva la Marciana. Nel 1910, così scriveva sulla rivista *Musica*, ricordando quei giorni: «Frequentissimi erano i convegni nostri che si convertivano sempre in lunghe e piacevolissime sedute musicali, ne facevano le spese sovente le nostre composizioni e non di rado quelle dei polifonisti del 500. Orlando di Lasso era il preferito. Gli ardimenti del grande emulo di Palestrina destavano la simpatia e l'ammirazione vivissima del Perosi. "Senti – mi disse una volta, suonando al pianoforte – questo meraviglioso brano quanta efficacia drammatica e potenza suggestiva contiene. Giorni or sono a Milano l'ho accennato a Boito che ne ha avuta una impressione profonda»[130].

Infine, come non ricordare l'amicizia profondissima intessuta con Pietro Mascagni, incontrato proprio a Venezia, dove era giunto per tenere un discorso su *L'evoluzione della musica nel secolo XIX*. Entrambi i musicisti «rievocarono i giorni romani de *La Resurrezione di Cristo* e di *Iris* tenute a battesimo contemporaneamente. Ecco le parole che Mascagni pronunciò in quell'occasione su Don Perosi: "La fine del secolo ci ha dato un momento davvero importante nella evoluzione della musica

---

[129] Paglialunga, 1952: 87.
[130] Ibidem: 376.

sacra. Una figura esile e in sembianza timida è comparsa sola ed inerme a combattere per l'ideale. Ed ha vinto; ed ha soggiogato gli animi delle turbe nella meraviglia dell'ammirazione, prosternando ogni ostacolo e baciando la palma della vittoria"»[131].

---

131 Ibidem: 384-385.

I giorni veneziani

Nell'ottobre 1898 ci fu un giornalista spagnolo, José Segarra, che riuscì ad incontrare a lungo don Lorenzo Perosi a Venezia. Ebbene, il ritratto che ne tracciò è fondamentale ancor oggi per comprendere i giorni veneziani del Maestro; e l'intervista che ne scaturì contiene «parole che equivalgono ad una confessione»[132] del giovane musicista.

Lasciamo la parola al Segarra, alla sua illuminante testimonianza apparsa poi nel libro *Amigos y conocidos*: «Conobbi il Perosi in Venezia, nella sua abitazione annessa a San Marco, Maestro della Cappella della Basilica e già famoso compositore. Famoso perché in tutta Italia non si parlava più che degli oratori di don Perosi, in modo speciale di quello intitolato *La Risurrezione di Lazzaro*. Tiro il cordone del campanello alla porta del Collegio di San Marco. Aprono e ci troviamo, testa a testa, con un giovane simpatico con l'abito talare. Un ragazzetto. Senza dubbio un collegiale, non ancora suddiacono. – Che desiderano? – Vogliamo parlare con don Perosi. – Ah, vengano avanti, vengano…. Entriamo in una sala come sono le sale di tutte le case religiose del mondo. Quadri impeccabilmente allineati sulle quattro pareti, un gran tavolo rotondo al centro della sala. [...] E come particolarità di questa sala della casa rettorale di San Marco un pianoforte a coda nuovo, magnifico che, sia detto fra noi, dava lì una certa nota discordante che io concepii come parente prossima dell'irriverenza. Ci sedemmo sul sofà. Noi aspettavamo il Maestro Perosi, che avevamo immaginato come un grosso canonico, quasi totalmente calvo. Il giovane collegiale sedette a nostro lato e cominciò a parlare. Ci parlò di Venezia e dei canali di Venezia e delle gondole di Venezia e delle zanzare di Venezia. Decisamente quel giovane era un maleducato: che cosa voleva con quel suo parlare? Lo interruppi: "Sì, è molto interessante tutto ciò che Lei ci racconta di Venezia… però… sta in casa il Maestro? – Toh, questa è buona! Qual Maestro? – Il Maestro Perosi. [...] E il chierico rispose ridendo

---
132 Paglialunga, 1952: 182.

freneticamente: Ma Signori!... Don Perosi... Don Perosi... sono io! E la risata a solo si converte in un trio come mai ha risuonato in una casa di preti»[133].

Di quell'incontro con il Segarra ancor più importanti furono le parole del Maestro su Venezia, elevata quasi a Musa ispiratrice della sua opera: «Io, signori, non sarei che un principiante nell'arte della musica se fossi obbligato a lasciare il silenzio di questa casa allontanandomi da Venezia che amo con tutta la mia anima. [...] La mia vita è trascorsa in pace fino ad oggi, ignorata e felice svolgendosi sempre in ambienti i più appropriati per soddisfare le necessità di un temperamento come il mio inclinato alle contemplazioni mistiche, alle riflessioni ultraterrene, alla visione del mistero. E queste naturali propensioni dell'animo, operando sopra una immaginazione amante del romanticismo e sopra un'inclinazione innata per lo studio, han dato per risultato il mio modesto lavoro che oggi è apprezzato in modo così lusinghiero per il mio amor proprio d'artista»[134].

Per nostra fortuna, il giornalista non mollò la presa, e cercò di "scavare" ulteriormente nell'esperienza del Maestro: «Credetti opportuno domandare: - "E perché Lei dà tanta importanza a queste modeste abitazioni perdute nel labirinto dei corridoi di questa Basilica in una città come Venezia, bella, però monotona per la uniformità che caratterizza la sua vita?"». Illuminante e, vorremmo dire, rivelatrice la risposta del Perosi: «Le spiegherò, signore. Io da bambino cominciai la mia vita in Tortona nel raccoglimento della mia chiesa. Mio padre organista infiltrò nella mia anima il mondo delle riflessioni mistiche che palpita nelle melodie del canto gregoriano e nelle note della salmodia. Cominciai a familiarizzarmi da piccolo con i classici tedeschi. Posso dire senza vanità che conosco a memoria Bach e Beethoven. Dello studio dell'inimitabile Palestrina ed Orlando di Lasso non ho perso neppure una nota. Prima di tutto la Badia di Montecassino con le sue gloriose tradizioni nel campo della Liturgia, più tardi la chiesa di Imola ed oggi questa cattedrale di San Marco inesauribile fonte di ispirazione, rappresentano per me il fortunato succedersi di ambienti i più propizi al mio

---

[133] Ibidem: 183-184.
[134] Ibidem: 184.

temperamento raccolto e amante di muoversi nei ricordi e nelle tradizioni di un passato morto per le anime volgari, però vivo, palpitante per noi. Comprendono ora perché Venezia mi è indispensabile e necessaria alle mie funzioni di artista come è necessaria l'aria per vivere?»[135].

Più chiaro di così. Il giornalista spagnolo se ne tornò a casa con un vero e proprio *scoop*; e a noi, è rimasto un varco senza precedenti nell'autocoscienza del Maestro in anni cruciali della sua attività artistica. E tuttavia, possiamo ulteriormente arricchire il mosaico veneziano di altri tasselli, grazie a testimonianze di prima mano. Ad esempio, incontrando il Maestro il 21 luglio del 1899, l'inviato del *Corriere della Sera* così lo sorprese in Patriarcato: «Quando stamane andai a visitarlo nella sua tranquilla dimora era seduto al pianoforte. Nella semplice stanzetta [...] sono poche suppellettili ma di buon gusto. Alle pareti sono appesi con piacevole noncuranza quadri di varia grandezza. Qui è una bellissima Madonna, là una pregevole immagine di Cristo, al di sopra del pianoforte una grande Ascensione; altrove il diploma della legione d'onore e i ritratti di personaggi illustri, parenti ed amici; su di uno scaffale vedo le principali opere di Wagner frammiste ad opere e libri di autori diversi. Il giovane Maestro sereno, sorridente, modesto nella lunga tunica nera, mi mostra ogni cosa dandomi d'ogni cosa ragguaglio. Cinque anni addietro quando andò ad abitare in quel piccolo paradiso aveva ben poco. Con i successi, diciamo pure con i trionfi, vennero anche i regali: e così le nude stanzette andarono man mano ornandosi di mille oggetti di valore. Don Perosi ha ormai una vera collezione di bacchette tra cui ve ne sono alcune superbe, ricchissime come quella a foggia di scettro, avorio e argento cesellato e tutta incastonata di rubini e smeraldi che gli fu donata da un ignoto ammiratore allorché si trovava a Vienna». Tuttavia, ciò che stupiva maggiormente l'inviato del *Corriere* non era l'ambiente di lavoro del Perosi, ma il fatto stesso della sua attività senza sosta: «Il celebre abatino lavora, lavora sempre».

E colpiva nel segno quando intuiva un legame inscindibile fra il Perosi e la sua città: «Il fortunato Maestro ama la sua casa, la sua Venezia e sopra tutto il suo San Marco e non si diparte dai

---

[135] Ibidem: 184-185.

luoghi cari che con grande fatica e vivo dispiacere. Qui, nel silenzio del Palazzo Patriarcale, nel fastigio dei monumenti antichi, nella magnificenza delle opere d'arte fra i ricordi eloquenti della grandezza passata egli trova sempre il motivo di nuove ispirazioni. Andrà a Roma, poiché nella sua qualità di direttore della Cappella Sistina dovrà dimorare in quella città durante la stagione invernale; ma non abbandonerà per ciò Venezia; che qui verrà sempre nella stagione estiva»[136].

---

136 Paglialunga, 1952: 256-257.

CONCLUSIONE

Nel mese di luglio del 1902 crollò il campanile della Basilica di San Marco a Venezia; l'evento scosse profondamente i veneziani. E Perosi? «Alcuni giornalisti lo incontrarono alla stazione di Pistoia. Gli chiesero quali impressioni gli avesse prodotto la notizia della catastrofe di Venezia. Il Maestro rispose: "Ne ho riportato una stretta al cuore da non dirsi. Quelle campane per cinque anni, mattina e sera, hanno segnato il ritmo della mia vita. A Venezia deve essere come se ogni famiglia abbia perduto una persona cara"»[137].

Il campanile come metafora di una città; come simbolo di una cittadinanza resa comunità dalla presenza della Chiesa; ed anche, di un rapporto d'amore fra un musicista e il suo pubblico: questo fu il campanile di San Marco per Lorenzo Perosi.

Alla sua ombra, nacquero le messe, le melodie sacre, gli oratori del trionfo. Al tocco delle sue campane, venne data "corporeità musicale" al Fatto per eccellenza della storia umana, l'Incarnazione. Vennero cesellati i personaggi del Vangelo, rivestiti di musica i loro sentimenti e i loro gesti: in una parola, fu a Venezia che si compì una nuova, straordinaria evangelizzazione delle masse.

Torniamo così all'*incanto*, come l'abbiamo chiamato nelle pagine iniziali, della musica del Perosi. Alla sua forza persuasiva, che rende evidente e, vorremmo dire, così naturale la tensione religiosa che c'è in ogni uomo. Dove risiede il segreto di quelle pagine? La domanda è più che lecita, visto che – per dirla con il Sanarica - «umili e grandi, individui e folle, credenti ed atei si ascoltano in quella musica: libera e sciolta vuoi dagli oppressivi e ossessivi contesti pietistici, vuoi dai messaggi indecifrabili dell'*art pour l'art* o del tecnicismo assoluto»[138].

Già il 4 dicembre 1898 (dunque assai precocemente) *L'Osservatore Cattolico* metteva in luce questo impasto misterioso

---
137 Paglialunga, 1952: 322.
138 Sanarica, 1999: 79.

delle pagine perosiane, ammettendo in fondo di non conoscerne la vera origine: «Tutte le sensazioni con cui natura e religione interessano, nutrono ed impreziosiscono la vita, unite in una goccia d'amore e di dolore ci hanno inebriati. Sublime, angelico. [...] I tecnici verranno dopo di noi. Ma [...] i tecnici della musica dovranno rispettare la nostra meraviglia all'udire le divine cose che il Perosi trae dalle note e comunica alle anime nostre»[139].

Certo tormentato dallo stesso interrogativo, lo studioso Domenico Alaleona tentava di comprenderne i termini fondamentali nel 1910: «il Perosi ha mirato sempre a scegliere argomenti in cui il sentimento umano – e in particolare la sofferenza, la bontà, i dolci affetti, hanno gran parte. E non c'è pagina dei suoi lavori in cui non tremi un palpito, un fremito, una sensazione delicata»[140]. Anche il Paglialunga si sarebbe mosso sulla medesima scia interpretativa, cogliendo – a nostro avviso – pienamente nel segno: «Perosi è grande – scriverà nel 1952 - quando celebra un fatto guardandolo con l'occhio del credente. E' più grande quando dà ai suoi personaggi voce e caratteri umani. E questa è la novità del suo oratorio: celebrazione e ricordo di un fatto coi personaggi vivi e presenti alla memoria con i loro sentimenti, le loro passioni, il loro dolore»[141].

Né una teoria né un codice etico hanno la forza di attrarre il cuore dell'uomo. Questa la lezione del Perosi, che da Venezia è partita per irrorare la musica sacra e religiosa di un cinquantennio. Semmai, è l'amore a convincere. Purché esso stesso non sia spiritualismo vano, sentimentalismo aereo; ma carne. Carne viva e palpitante per le strade della Palestina di un tempo. Carne tangibile, visibile, udibile – ancora oggi. «Sono le quattro voci del classico concerto vocale – scriveva Guido Pannain – che il Perosi traduce nella sonorità discreta di un'orchestra d'archi spirante l'aura incensata del gregoriano e traversata, nel candore del diatonico, da *ardore di carne viva*. Ma tra la vita terrena di cui la musica respira e l'austerità dell'arco melodico, non vi è contrasto. La musica di Perosi appare in

---

139 Paglialunga, 1952: 121
140 Ibidem: 377.
141 Ibidem: 132.

un'atmosfera di toni caldi, insoliti nel repertorio ecclesiastico […] La sua vera vita di artista risplende quando la liturgia si traduce in canto, nel canto di un uomo moderno»[142].

---

142 Citato in Santucci, 1993: 447.

BIBLIOGRAFIA CITATA

BIOGRAFIE SU LORENZO PEROSI
PAGLIALUNGA A., *Lorenzo Perosi*, Edizioni Paoline, Roma 1952.
GLINSKI M., *Lorenzo Perosi*, Ricordi, Milano 1953.
BASSI A., *Lorenzo Perosi: l'uomo, il compositore, il religioso*, Schena Editore, Brindisi 1994.
SANARICA M., *Lorenzo Perosi. Coscienza e tradizione in un'anima musicale*, Guaraldi, Rimini 1999.
MERLATTI G., *Lorenzo Perosi, una vita tra genio e follia*, Ancora 2006.

SCRITTI DI LORENZO PEROSI
PAGANO S., *L'epistolario "Vaticano" di Lorenzo Perosi (1867-1956)*, Marietti, Genova 1996.

CONTRIBUTI E ARTICOLI SU LORENZO PEROSI
SANTUCCI P., *Lorenzo Perosi morto che parla!*, in *Consonanze e dissonanze*, Bologna 1993.
SACCHETTI A., *Introduzione* in La Passione secondo S. Marco – Riduzione per organo di M. E. Bossi, Ed. Bongiovanni, 2009.

OPERE COMPLEMENTARI
AGASSO D., *L'ultimo papa santo – Pio X*, Edizioni Paoline, Milano 1985.
BARENBOIM D., *La musica sveglia il tempo*, Feltrinelli, Milano 2007.
MOUNIER E., *Il personalismo*, Ave, Roma 1983.
MUTI R., *Prima la musica, poi le parole*, Rizzoli, Milano 2010.

Indice

PREFAZIONE..5
INTRODUZIONE..7
I prodromi della nomina...15
Alla direzione della Marciana...20
I primi passi a Venezia (1894)...24
Venezia come Ratisbona (1895-1896)...28
L'annuncio della fama (1897)...32
Il «momento perosiano» (1898)..37
Verso la Sistina..45
Le amicizie veneziane..50
I giorni veneziani...57
CONCLUSIONE..61
BIBLIOGRAFIA CITATA..64

Le illustrazioni in copertina e all'interno del libro appartengono alla collezione personale di Leonardo Ciampa (Boston, U.S.A.)

Samuele Tamburini *è nato a Rimini nel 1985. Dopo la laurea in Scienze della Mediazione Linguistica presso l'Università S. Pellegrino (Misano Adriatico) e il Diploma in Scienze religiose all'Ateneo Pontificio "Regina Apostolorum" (Roma), ha conseguito la laurea in Scienze di Governo e della Comunicazione Pubblica presso la LUISS Guido Carli. Attualmente è MBA Candidate presso la medesima università. Da sempre è appassionato di musica.*

Finito di stampare il 31 gennaio 2016

Copyright © 2016 Samuele Tamburini. Tutti i diritti sono riservati. Stampato negli Stati Uniti d'America.

Arts MetroWest, Inc.
Natick, MA (U.S.A.)
arstmetrowest@gmail.com
artsmetrowestinc.org

Ingram Content Group UK Ltd.
Milton Keynes UK
UKHW041120230323
419044UK00001B/49